COORDENADORES
FABÍOLA MEIRA DE ALMEIDA BRESEGHELLO
JOSÉ GERALDO BRITO FILOMENO

2021

OS 30 ANOS DO CÓDIGO DE DEFESA DO CONSUMIDOR

EVOLUÇÃO E DESAFIOS NO RELACIONAMENTO COM CLIENTES

AUTORES

ANTÔNIO CARLOS GUIDO JÚNIOR • CECÍLIA DANTAS • DIONISIO MORENO FERRES • EDNEY G. NARCHI • FABÍOLA MEIRA DE ALMEIDA BRESEGHELLO • FÁTIMA NANCY ANDRIGHI • FLÁVIA DE CARVALHO SILVEIRA • ISABELA MAIOLINO • JOSÉ FLAVIO BIANCHI • JOSÉ GERALDO BRITO FILOMENO • JULIANA N. ALBUQUERQUE • KAZUO WATANABE • LUCIANO BENETTI TIMM • MARIA INÊS DOLCI • RICARDO MORISHITA WADA • ROBERTA DENSA • SÉRGIO CAVALIERI FILHO

ABRAREC
ASSOCIAÇÃO BRASILEIRA DAS
RELAÇÕES EMPRESA CLIENTE

EDITORA FOCO

2021 © Editora Foco

Coordenador: Fabíola Meira de Almeida Breseghello e José Geraldo Brito Filomeno
Autores: Antônio Carlos Guido Júnior, Cecília Dantas, Dionisio Moreno Ferres, Edney G. Narchi, Fabíola Meira de Almeida Breseghello, Fátima Nancy Andrighi, Flávia de Carvalho Silveira, Isabela Maiolino, José Flavio Bianchi, José Geraldo Brito Filomeno, Juliana N. Albuquerque, Kazuo Watanabe, Luciano Benetti Timm, Maria Inês Dolci, Ricardo Morishita Wada, Roberta Densa e Sérgio Cavalieri Filho
Diretor Acadêmico: Leonardo Pereira
Editor: Roberta Densa
Assistente Editorial: Paula Morishita
Revisora Sênior: Georgia Renata Dias
Capa Criação: Leonardo Hermano
Diagramação: Ladislau Lima e Aparecida Lima
Impressão miolo e capa: FORMA CERTA

Dados Internacionais de Catalogação na Publicação (CIP) (Câmara Brasileira do Livro, SP, Brasil)

T833 Os 30 anos do Código de Defesa do Consumidor: evolução e desafios no relacionamento com clientes / Antônio Carlos Guido Júnior ... [etal. ; coordenado por Fabíola Meira de Almeida Santos Breseghello, José Geraldo Brito Filomeno. - Indaiatuba, SP : Editora Foco, 2021.
144 p. ; 17cm x 24cm.

Inclui índice e bibliografia.
ISBN 978-65-5515-140-4

1. Direito do consumidor. 2. Código de Defesa do Consumidor. 3. Relacionamento com clientes. I. Guido Júnior, Antônio Carlos. II. Dantas, Cecília. III. Ferres, Dionisio Moreno. IV. Narchi, Edney G. V. Breseghello, Fabíola Meira de Almeida Santos. VI. Andrighi, Fátima Nancy. VII. Silveira, Flávia de Carvalho. VIII. Maiolino, Isabela. IX. Bianchi, José Flavio. X. Filomeno, José Geraldo Brito. XI. Albuquerque, Juliana N. XII. Watanabe, Kazuo. XIII. Timm, Luciano Benetti. XIV. Dolci, Maria Inês. XV. Wada, Ricardo Morishita. XVI. Densa, Roberta. XVII. Cavalieri Filho, Sérgio. XVIII. Título.

2020-2236   CDD 342.5   CDU 347.451.031

Elaborado por Vagner Rodolfo da Silva - CRB-8/9410
Índices para Catálogo Sistemático:
1. Direito do consumidor 342.5   2. Direito do consumidor 347.451.031

DIREITOS AUTORAIS: É proibida a reprodução parcial ou total desta publicação, por qualquer forma ou meio, sem a prévia autorização da Editora FOCO, com exceção do teor das questões de concursos públicos que, por serem atos oficiais, não são protegidas como Direitos Autorais, na forma do Artigo 8º, IV, da Lei 9.610/1998. Referida vedação se estende às características gráficas da obra e sua editoração. A punição para a violação dos Direitos Autorais é crime previsto no Artigo 184 do Código Penal e as sanções civis às violações dos Direitos Autorais estão previstas nos Artigos 101 a 110 da Lei 9.610/1998.

NOTAS DA EDITORA:

Atualizações e erratas: A presente obra é vendida como está, atualizada até a data do seu fechamento, informação que consta na página II do livro. Havendo a publicação de legislação de suma relevância, a editora, de forma discricionária, se empenhará em disponibilizar atualização futura.

Erratas: A Editora se compromete a disponibilizar no site www.editorafoco.com.br, na seção Atualizações, eventuais erratas por razões de erros técnicos ou de conteúdo. Solicitamos, outrossim, que o leitor faça a gentileza de colaborar com a perfeição da obra, comunicando eventual erro encontrado por meio de mensagem para contato@editorafoco.com.br. O acesso será disponibilizado durante a vigência da edição da obra.

Impresso no Brasil (09.2020) – Data de Fechamento (09.2020)

2021

Todos os direitos reservados à
Editora Foco Jurídico Ltda.
Rua Nove de Julho, 1779 – Vila Areal
CEP 13333-070 – Indaiatuba – SP
E-mail: contato@editorafoco.com.br
www.editorafoco.com.br

PREFÁCIO

"A história é êmula do tempo, depósito de ações, testemunha do passado e aviso do presente, advertência do porvir" (CERVANTES, em Dom Quixote, Parte 2ª, Cap. IX)

Há 30 anos, mais precisamente em 11.09.1990, era sancionada a Lei 8.078, mais conhecida como *Código de Defesa do Consumidor*, entrando em vigor 6 meses depois.

Ao contrário do que muitos possam pensar, não se tratava nem de uma novidade no cenário jurídico, nem de uma panaceia para todos os males que afligem todos nós, afinal de contas, consumidores de bens e serviços a todo instante de nossas vidas.

Com efeito, quando nossa comissão, foi designada em junho de 1988, pelo então Ministro da Justiça Paulo Brossard, por proposta do extinto Conselho Nacional de Defesa do Consumidor, a tarefa se nos apresentou como sendo de grande responsabilidade, mas não cuidamos de *reinventar a roda*. Até porque outros países já dispunham de leis de proteção ou defesa do consumidor (*e.g.*, Espanha, Portugal, Canadá, Estados Unidos, Venezuela, México etc.).

Destarte, baseando-nos naquelas leis já existentes, bem como na Resolução ONU 39/248, de 1985, que por sua vez se fundava em célebre declaração do presidente norte-americano John Kennedy, de 15.03.1962, a respeito dos direitos básicos e fundamentais dos consumidores (*saúde, segurança, indenização por danos sofridos, informação, educação e associação*), em junho de 1988 começamos a elaborar o nosso anteprojeto.

Digna de nota, igualmente, foi a assim chamada *lei-tipo*. Ou seja: um modelo de lei de proteção e defesa do consumidor aprovado em Montevidéu, em 1987, ao ensejo da realização da II Conferência Latino-Americana e do Caribe de Direito do Consumidor. Nesse modelo, em forma de enxuto de anteprojeto de lei, recomendou-se aos países filiados à ONU, guardadas as respectivas peculiaridades, que elaborassem suas próprias leis de defesa ou proteção do consumidor.

O clima em nosso país, na época, era extremamente propício: a Assembleia Nacional Constituinte estava reunida em Brasília e havia até mesmo um *anteprojeto de Constituição*, elaborada pelo saudoso senador Afonso Arinos de Mello Franco.

Desta forma, a comissão incumbida da elaboração do anteprojeto do código do consumidor trabalhou em duas frentes: na Constituinte, assegurando-se de que a defesa do consumidor fosse elevada, como de resto o foi, à categoria de direito fundamental, de cunho individual e social (cf. inciso XXXII do art. 32 da Constituição de 88); e, por outro lado, nos trabalhos do anteprojeto propriamente dito, que foi elaborado em tempo recorde. Ou seja, já em novembro de 1988, o anteprojeto estava pronto, e foi publicado em 04.01.1989 no Diário Oficial da União, em caderno especial, para amplo conhecimento, e para que ainda fossem colhidas sugestões do povo em geral. Sugestões essas, aliás, que efetivamente foram recebidas, cuidadosamente analisadas e muitas delas acolhidas.

Após os trâmites legislativos, finalmente veio a lume, com alguns vetos que, contudo, não afetaram os principais pontos do anteprojeto, o código que hoje conhecemos.

A segunda questão com que abrimos esta obra coletiva diz respeito às limitações do próprio código. Ou seja: ele deve ser entendido como um microssistema jurídico, com princípios próprios, mas de natureza multi e interdisciplinar.

Como princípio próprio e basilar poderíamos citar, fundamentalmente, o da *vulnerabilidade*. Isto é, o consumidor, não tendo condições de conhecer técnica ou faticamente os produtos e serviços que são colocados à sua disposição no mercado, ou as circunstâncias em que isso se dá, arrisca-se a experimentar todo tipo de risco e efetivos danos à sua saúde, segurança, economia particular, e até mesmo à sua dignidade. Por exemplo: quando adquire um medicamento cujo fator-risco é muito maior do que o fator-benefício; ou então uma máquina ou veículo que tem um defeito de fabricação; ou mesmo quando adere a um contrato bancário ou tem um cartão de crédito *clonado*, em que se vê ameaçado de ter seu nome encaminhado a um banco de dados e negativado.

Por isso mesmo, cuidando-se, de desiguais de um lado – consumidores –, e fornecedores de produtos e serviços, de outro –, o código cuidou de tratá-los, certamente, de *forma desigual*. Daí se falar, por exemplo, da *inversão do ônus da prova*, no processo civil, da *responsabilidade civil objetiva ou sem culpa, da interpretação de cláusulas contratuais mais favoravelmente aos consumidores*, e outras salvaguardas. Seguem-se, ainda, os princípios da *boa-fé* e do *equilíbrio* que devem sempre, à luz da *ética*, presidir toda e qualquer relação jurídica.

Com efeito, cuida-se de exigir que as partes contratantes ajam com seriedade, honestidade, espírito de cooperação, bons propósitos, enfim, para que, da melhor forma possível, de possa atingir a tão almejada *harmonia* que deve sempre inspirar os negócios jurídicos. E isto sobretudo, repita-se, *no que concerne a personagens tão desiguais*. Esta, em apertadíssima síntese, é a epistemologia do código do consumidor.

Por outro lado, entretanto, o código é multidisciplinar, na medida em que contém preceitos de ordem civil (por exemplo, a já mencionada responsabilidade civil objetiva, a tutela contratual, incluídas aí a oferta e a publicidade, práticas de comércio etc.), outros de caráter penal (ou seja, crimes contra as relações de consumo), e ainda de cunho administrativo (sanções nos casos em que especifica), processual (a tutela coletiva, sobretudo), além de outras particularidades. Entretanto, não se basta. Necessita, muitas vezes, conforme adverte seu artigo 7º, de outras normas já preexistentes, a começar pela Constituição Federal, de normas de caráter civil, processual, administrativo e outras, além de, inclusive, tratados internacionais de que o Brasil seja signatário.

No que concerne a um *balanço* de aplicação do código, o próprio título deste artigo é elucidador: cuida-se de uma lei que já conta com 30 anos de existência, mas que certamente *ainda necessita de muito amadurecimento*.

E esse amadurecimento depende, em grande parte da *educação formal e informal* dos próprios consumidores (*i.e.*, desde a tenra idade escolar com noções de cidadania-consumidor-ambiente, até o ensino universitário, e das atividades informativas dos órgãos públicos, entidades não governamentais de direitos do consumidor e, igualmente, dos órgãos de comunicação social).

Igualmente é essencial a *educação* e *informação* dos *fornecedores* de modo geral, mediante *o incremento dos bons serviços de atendimento ao consumidor*, aprimoramento das técnicas de qualidade de produtos e na prestação de serviços, sobretudo, prevenção de acidentes de consumo pelo *recall* e outros instrumentos disponíveis).

Parece-nos, outrossim, fundamental a *desjudicialização* dos conflitos entre consumidores e fornecedores – hoje contam-se aos milhões país afora –, por meio de meios eficazes de sua resolução – pelo efetivo atendimento pelas próprias empresas, mediação e conciliação informal.

Nesse sentido afigura-se fundamental, mais do que nunca, a atuação dos Serviços de Atendimento ao Consumidor (SAC's) e Ouvidorias das empresas, destacando-se os ingentes esforços da patrocinadora desta obra coletiva a ABRAREC – Associação Brasileira de Relacionamento Empresa-Cliente, no sentido de estimulá-las a atuarem cada vez eficiente e eficazmente.

E, finalmente, incumbe às autoridades federais, estaduais e municipais, estabelecerem instrumentos eficazes de fiscalização do mercado de consumo, sobretudo, as agências reguladoras, já que um dos objetivos de sua existência é precisamente o *atendimento dos usuários dos serviços públicos essenciais.*

Enfim: o código existe há 30 anos, está em vigor efetivo há 29. E nesse tempo houve melhorias, sem dúvida, no mercado, mas muita coisa ainda há por ser feita, principalmente, no que diz respeito à atuação dos chamados *instrumentos de efetividade da política nacional de relações de consumo,* aí incluídos, além dos órgãos precípuos de defesa ou direito do consumidor (como o DPDC – Departamento de Proteção e Defesa do Consumidor, os PROCON's) e os não governamentais (como o IDEC e o PRO TESTE, e o CONAR, por exemplo), as Promotorias de Justiça do Consumidor, os Juizados Especiais Cíveis, as Varas Especializadas em Direitos e Interesses Difusos e Coletivos, as Polícias Especializadas, enfim, todo o arcabouço existente na tutela, afinal de contas do *consumidor: na verdade todos nós, sem exceção.*

E é dessa perspectiva que com muita honra prefaciamos esta obra coletiva, escrita a muitas mãos hábeis e mentes privilegiadas, cada qual de seu *posto de observação privilegiado*. Ou seja: relatando o que foi feito na sua ótica da Magistratura, do Ministério Público, das entidades públicas e privadas de proteção e defesa do consumidor, no magistério superior no sentido da implementação efetiva do estatuto consumerista e o que ainda poderá ser feito, sobretudo, na relação *fornecedor/consumidor.*

José Geraldo Brito Filomeno

Vice-Presidente e Relator-Geral da Comissão elaboradora do Anteprojeto do Código de Defesa do Consumidor e membro do Conselho Consultivo da ABRAREC.

SUMÁRIO

PREFÁCIO
    José Geraldo Brito Filomeno III

O STJ ENTRE OS SETORES REGULADOS E A DEFESA DO CONSUMIDOR: UMA REFLEXÃO APÓS 30 ANOS DE CONVIVÊNCIA
    Fátima Nancy Andrighi e José Flavio Bianchi 1

A IMPORTÂNCIA DO RELACIONAMENTO EMPRESA-CLIENTE NA RESPONSABILIDADE CIVIL
    Sérgio Cavalieri Filho 15

EVOLUÇÃO DA PUBLICIDADE E OS MEIOS DIGITAIS À LUZ DO CDC E DO CONAR
    Edney G. Narchi e Juliana N. Albuquerque 25

ASSOCIAÇÃO DE DEFESA DOS CONSUMIDORES E A SUBSTITUIÇÃO PROCESSUAL
    Kazuo Watanabe 35

EVOLUÇÃO DAS ATIVIDADES DAS ONG'S NA DEFESA DO CONSUMIDOR
    Maria Inês Dolci 43

O SISTEMA NACIONAL DE DEFESA DO CONSUMIDOR: REFLEXÕES NOS 30 ANOS DO CÓDIGO DE DEFESA DO CONSUMIDOR
    Ricardo Morishita Wada 55

O *COMPLIANCE* NAS RELAÇÕES DE CONSUMO: MECANISMOS DE EFETIVAÇÃO DE ATENDIMENTO AO CONSUMIDOR
    Cecília Dantas, Fabíola Meira de Almeida Breseghello e Roberta Densa 63

NOVAS PERSPECTIVAS E DESAFIOS DA APLICAÇÃO DA ECONOMIA COMPORTAMENTAL E DA NEUROCIÊNCIA NAS RELAÇÕES DE CONSUMO
    Dionisio Moreno Ferres 79

A IMPORTÂNCIA DA PLATAFORMA CONSUMIDOR.GOV.BR PARA A SOLUÇÃO ALTERNATIVA DE CONFLITOS
    Flávia de Carvalho Silveira, Isabela Maiolino e Luciano Benetti Timm 107

IMPORTÂNCIA DAS OUVIDORIAS NA EVOLUÇÃO DO DIREITO DAS RELAÇÕES DE CONSUMO
    Antônio Carlos Guido Júnior 121

TUTELA PENAL DO CONSUMIDOR: FRAUDES DIGITAIS
    José Geraldo Brito Filomeno 125

O STJ ENTRE OS SETORES REGULADOS E A DEFESA DO CONSUMIDOR: UMA REFLEXÃO APÓS 30 ANOS DE CONVIVÊNCIA

Fátima Nancy Andrighi

Mestre em mediação pelo Institut Universitaire Kurt Bosch, da Suíça. Pós-graduada pela Universidade do Vale do Rio dos Sinos, na Universidade Católica de Brasília e no Centro Universitário de Brasília (CEUB). Doutoranda em direito civil pela Universidade de Buenos Aires. Ministra do Superior Tribunal de Justiça desde 1999. Graduada pela Pontifícia Universidade Católica (PUC-RS).

José Flavio Bianchi

Doutor e Mestre em Direito, Estado e Constituição pela UnB (2013 e 2018). Graduado pela Faculdade de Direito da USP (2004). Professor da graduação da FD/ UnB. Procurador Federal da Advocacia-Geral da União desde 2007. Assessor no Superior Tribunal de Justiça. Foi Consultor Jurídico do Ministério das Comunicações e do Ministério da Justiça.

Sumário: 1. Introdução. 2. Das definições necessárias: regulação, serviços públicos e atividade econômica em sentido estrito. 3. Dos sentidos de ser consumidor e de ser cidadão: sobre a aplicação do CDC a serviços públicos. 4. Da atuação do Superior Tribunal de Justiça na aplicação do Código de Defesa do Consumidor. 4.1 Definição de consumidor e campo de incidência do CDC. 4.2 Da interrupção do fornecimento de energia elétrica. 4.3 Da assinatura básica do serviço de telefonia fixa. 4.4 Da devolução em dobro de valores cobrados indevidamente. 4.5 Dos aumentos dos planos de saúde em decorrência da alteração de faixa etária. 5. Conclusão. 6. Referências.

1. INTRODUÇÃO

Como um dos poucos consensos existentes na doutrina jurídica brasileira, é possível afirmar que a publicação do Código de Defesa do Consumidor, instituído pela Lei 8.078, de 11 de setembro de 1990, representou uma das maiores alterações na forma de atuação dos agentes econômicos, ao buscar trazer para as relações tão assimétricas existentes entre consumidores e fornecedores alguma medida de equilíbrio e proteções contra abusos.

Essa história, contudo, não ocorreu de maneira natural, sem contratempos e disputas hermenêuticas acerca do alcance dos dispositivos de proteção ao consumidor. Como será mencionado a seguir, por exemplo, o próprio conceito de consumidor foi assentado, de forma pacífica, na jurisprudência do Superior Tribunal de Justiça após 15 anos de sua entrada em vigor.

De qualquer forma, mesmo diante de muitas dificuldades, é inegável também que a jurisprudência do Superior Tribunal de Justiça é altamente influente para a configuração das soluções jurídicas adotadas pelos agentes econômicos, fenômeno que o Min. Sidnei Beneti (2011) denomina de "Fator STJ".

De igual modo, a aplicação do Código de Defesa do Consumidor aos fornecedores de serviços regulados – aqui entendidos tanto os prestadores de serviço público como aqueles executores de atividade econômica em sentido estrito, como definido abaixo – também apresentou desafios que ainda precisam ser superados pela doutrina e, principalmente, pela jurisprudência brasileira.

No entanto, a solução para as dificuldades nestes setores econômicos mostra-se ainda mais complexa em razão da existência de outros centros geradores de normas, que são as agências reguladoras, autoridades administrativas responsáveis pela edição e efetivação de regulações específicas nos setores para os quais foram criadas. Assim, tem-se a convivência tanto de decisões judiciais quanto administrativas que se influenciam mutuamente para a evolução das soluções jurídicas a serem conferidas em diversas hipóteses.

Levando isso em consideração, o objetivo desta singela contribuição para a obra organizada pelo ilustre José Geraldo Brito Filomeno, que muito nos honra com o convite, consiste em, após a apresentação das definições necessárias – em especial das diferenças entre as posições de consumidor e usuário –, discutir como o STJ veio a aplicar a legislação de defesa do consumidor à prestação de serviços em setores regulados, com a finalidade de demonstrar que – apesar de estar orientada sempre para a maximização dos direitos do consumidor – a jurisprudência do STJ sobre o assunto encontra-se em permanente evolução e que, preservando sua independência e soberania, não perde contato, mesmo que indiretamente, com a regulação aplicável aos setores econômicos envolvidos.

2. DAS DEFINIÇÕES NECESSÁRIAS: REGULAÇÃO, SERVIÇOS PÚBLICOS E ATIVIDADE ECONÔMICA EM SENTIDO ESTRITO

Para iniciar esta discussão, faz-se necessário traçar as distinções entre regulação, serviços públicos e atividade econômica em sentido estrito, a fim de se precisar o que se quer dizer por setores regulados.

Levi-Faur (2010) alerta que a o termo "regulação" é utilizado em uma miríade de diferentes propósitos discursivos, teoréticos e analíticos, que demanda clarificação e sistematização.

Para juristas, a regulação é frequentemente um instrumento jurídico, enquanto para sociólogos é apenas outra forma de controle social (BRAITHWAITE, 2002). Por sua vez, para economistas, a regulação é normalmente entendida como uma ferramenta utilizada por particulares, que representam interesses específicos, para extrair rendas regulatórias da sociedade (STIGLER, 1971). Contudo, nem todos os economistas adotam essa postura: aqueles de viés institucionalista entendem a regulação como elemento constitutivo dos mercados e, assim, como parte formadora dos direitos de propriedade (NORTH, 1990).

Um importante aspecto na tentativa de delimitar o conceito de regulação é a sua íntima relação entre a regulação e a atuação de autoridades reguladoras. Como afirma Levi-Faur (2010), a regra e seu processo de criação estão fortemente conectados. Essa ênfase sobressai em uma das definições mais citadas de regulação, segundo a qual regulação seria "um controle sustentado e focado exercido por uma agência pública sobre atividades que são valorizadas pela comunidade" (SELZNICK, 1985, p. 363, tradução livre).

Apesar dos méritos da definição de Selznick (1985), ela falha ao não reconhecer a possibilidade de outros agentes, que não autoridades públicas, excluindo a atuação empresarial ou da sociedade civil. Além disso, ela restringe as ações da autoridade para aqueles fins que são valorizados pela comunidade, quando pode haver muitas outras necessidades que não necessariamente contem com a estima da sociedade. Ao buscar um conceito mais amplo de definição, Levi-Faur (2010) sugere a definição de Scott (2001) como ampla o suficiente. Para Scott, a regulação é

> qualquer processo ou conjunto de processos por meio dos quais normas são estabelecidas, a conduta daqueles sujeitos à norma é monitorada ou retornada ao regime, e para os quais há mecanismos para manter o comportamento dos atores regulados dentro de limites aceitáveis do regime. (SCOTT, 2001, p. 283, tradução livre).

Tal definição estaria de acordo com a agenda de pesquisa da governança, da "nova governança" (LOBEL, 2004) e do novo Estado regulador (BRAITHWAITE, 2002). Além disso, essa definição mais ampla permitiria retirar a centralidade do Estado para reconhecer novas manifestações regulatórias.

A análise de Aranha é capaz de abordar os dois principais aspectos do fenômeno regulatório, pois ele explica que a atividade reguladora tem como principal objetivo influenciar o comportamento dos sujeitos regulados. Contudo, os meios como essa influência ocorre podem ser distintos. De um lado, a regulação pode ocorrer por meio de imposição de sanções aflitivas – típicas de uma regulação por comando-e-controle – e, de outro, também pode se utilizar do contexto fático para tentar moldar a conduta dos regulados, "segundo incentivos presentes no código de conduta próprio ao ambiente regulado" (ARANHA, 2018, p. 442). Em outras palavras, a regulação pode se valer tanto da coerção externa quanto da coerção interna.

Feita a primeira aproximação do conceito de regulação, é necessário compreender que, no contexto normativo brasileiro, ela – a atividade regulatória – pode incidir tanto sobre atividades econômicas em sentido estrito quanto sobre serviços públicos. Essa distinção encontra fundamento principal na forma como se encontra disposta, na Constituição Federal de 1988, a atuação do Estado na economia, isto é, quais são as circunstâncias e os requisitos para a ocorrência da intervenção estatal na economia. Sobre esse assunto, Eros Roberto Grau (2012, p. 101) afirma que:

> Por certo que, no art. 173 e em seu § 1º, a expressão conota atividade econômica em sentido estrito. O art. 173, caput, enuncia as hipóteses nas quais é permitida ao Estado a exploração direta de atividade econômica. Trata-se, aqui, de atuação do Estado – isto é, da União, do Estado-membro e do Município – como agente econômico, em área da titularidade do setor privado. Insista-se em que atividade econômica em sentido amplo é território em dois campos: o do serviço público e o da

atividade econômica em sentido estrito. As hipóteses indicadas no art. 173 do texto constitucional são aquelas nas quais é permitida a atuação da União, dos Estados-membros e dos Municípios nesse segundo campo.

Assim, a distinção entre atividade econômica em sentido estrito, de um lado, e serviço público, de outro, é um fato de diferenciação de qual regime jurídico possível para a atuação tanto dos particulares quanto do Estado. Marçal Justen Filho (2014, p. 688), ao abordar a diferença entre atividade econômica em sentido amplo e serviço público, destaca:

> Não há uma distinção intrínseca entre atividade econômica e serviço público. O serviço público consiste na organização de recursos escassos para a satisfação de necessidades individuas. Portanto, trata-se de uma atividade de natureza econômica. Logo, o serviço público não pode ser diferenciado de modo absoluto de atividade econômica, porque apresenta igualmente natureza e função econômicas. É possível diferenciar serviço público de uma concepção mais restrita de atividade econômica. Portanto, atividade econômica é um gênero, que contém duas espécies, o serviço público e a atividade econômica (em sentido estrito).

A regra matriz da ordem econômica, artigo 170, *caput*, Constituição Federal, disciplina a atividade econômica em sentido amplo, de forma que os preceitos ali inseridos devem modalizar a prestação de serviço público e o exercício de atividade econômica em sentido estrito por parte do Estado.

Com efeito, a atividade econômica em sentido estrito tem como escopo o fornecimento de bens ou serviços necessários à satisfação de necessidades elementares das pessoas, ligadas ou não a direitos fundamentais. Trata-se de uma emanação da liberdade de empreendimento ou da livre iniciativa, que é garantida pela Constituição Federal.

Por sua vez, o serviço público pode ser conceituado como:

> Serviço público é a atividade pública administrativa de satisfação concreta de necessidades individuais ou transindividuais, materiais ou imateriais, vinculada diretamente a um direito fundamental, insuscetível de satisfação adequada mediante os mecanismos da livre-iniciativa privada, destinada a pessoas indeterminadas, qualificada legislativamente e executada sob regime de direito público (Marçal Justen Filho, 2014, p. 725).

Em relevante obra sobre o tema, a partir da análise da doutrina nacional e estrangeira, bem como da Constituição Federal, Alexandre ARAGÃO propõe o seguinte conceito: "serviços públicos são as atividades de prestação de utilidades econômicos a indivíduos determinados, colocadas pela Constituição ou pela Lei a cargo do Estado, com ou sem reserva de titularidade, e por ele desempenhadas diretamente ou por seus delegatários, gratuita ou remuneradamente, com vistas ao bem-estar da coletividade" (ARAGÃO, 2008, p. 157).

3. DOS SENTIDOS DE SER CONSUMIDOR E DE SER CIDADÃO: SOBRE A APLICAÇÃO DO CDC A SERVIÇOS PÚBLICOS

A categorização das pessoas e empresas que usufruem os serviços públicos é uma questão controvertida, que muito intriga a doutrina e para a qual não há soluções legislativas ou jurisprudenciais simples ou fáceis. Essa discussão se divide em dois polos, nas palavras de Aragão, "uma privatista, ainda que protetiva dos hipossuficientes e permeada de normas de ordem pública, entre nós positivada principalmente no CDC, e outra publicista, que enfoca o cidadão-usuário como integrante de um sistema social de garantia da prestação de determinada atividade essencial para toda a coletividade, lógica positivada na maioria das leis dos serviços públicos, na Lei Geral das Concessões (Lei 8.987/95) e no conceito de serviço público oriundo da própria Constituição Federal" (ARAGÃO, 2010).

A equiparação do cidadão usuário do serviço público com o consumidor, tal como regulado pelo direito privado, pode ser compreendida como uma diminuição das proteções jurídicas conferidas ao cidadão, que seria privado de uma proteção social conferida pelo Estado, para ser apenas envolvido em uma relação meramente privatista.

No entanto, como aponta Aragão (2010), não há necessariamente uma contradição entre essas duas posições jurídicas, mas devem ser vistas como complementares, pois "apenas as preocupações de satisfação individual de necessidades muitas vezes não são suficientes para manter o sistema coletivo de prestação funcionando. Por outro lado, as preocupações solidarísticas coletivas também não são mais suficientes para dar conta de um conjunto de serviços públicos cada vez mais submetidos à concorrência e aos direitos fundamentais dos usuários frente às prerrogativas estatais tradicionalmente admitidas na prestação dos serviços públicos".

É fato que a aplicação da legislação de defesa do consumidor, entre nós, fez parte de um movimento de liberalização da economia brasileira, que ampliou a quantidade de serviços públicos – e mesmo de atividade econômica em sentido estrito –prestados por meio de delegação a particulares, seja por meio de processos de desestatização ou pela delegação via concessão, permissão ou autorização. No entanto, na experiência brasileira, foi justamente a proteção privatística promovida pela defesa do consumidor que foi capaz de obter junto à sociedade uma mobilização e de ampliação de direitos.

Frente a essa realidade, a legislação brasileira prevê expressamente a aplicação do Código de Defesa do Consumidor aos serviços públicos prestados pelo Estado e por particulares mediantes delegação. Aliás, há dispositivos expressos nesse sentido, por exemplo, o art. 7º, *caput*, da Lei 8.987/95, que afirma genericamente a aplicação do CDC aos usuários de serviços públicos.

Além disso, o próprio Código de Defesa do Consumidor afirma essa aplicação no art. 4º, II, ao mencionar a melhoria dos serviços públicos como princípio da política nacional das relações de consumo, no art. 6º, X, que prevê a prestação adequada dos serviços públicos como direito dos consumidores e no art. 22.

4. DA ATUAÇÃO DO SUPERIOR TRIBUNAL DE JUSTIÇA NA APLICAÇÃO DO CÓDIGO DE DEFESA DO CONSUMIDOR

A partir do exposto acima, pode-se concluir de modo preliminar que a legislação de defesa do consumidor pode incidir tanto sobre atividades econômicas em sentido estrito quanto sobre serviços públicos, mesmo com regimes constitucionais distintos, ambos compreendidos no conceito geral de setores regulados. Também é possível auferir as dificuldades encetadas pela aplicação da legislação consumerista nesses setores, os quais sofrem confluência de normas de direito privado e de direito público.

Diante dessas complexidades, passa-se neste momento a discutir o papel do STJ em algumas questões, históricas e recentes, relacionadas à aplicação do CDC a setores que sofrem particular incidência da regulação estatal. Na defesa dos direitos do consumidor, o Ministro Sidinei Beneti (2011) cunhou a expressão "Fator STJ" a fim de expressar a atuação do tribunal no sentido de dar maior efetividade às normas consumeristas, que também podem ser verificadas neste estudo.

4.1 Definição de consumidor e campo de incidência do CDC

Algumas questões relacionadas à defesa do consumidor exigiram da jurisprudência um longo período de maturação. Exemplo dessa necessidade de um tempo de reflexão até a pacificação da jurisprudência é o próprio conceito de consumidor.

Os esforços para se chegar à pacificação do conceito de consumidor partiram de duas linhas de pensamento que integram a doutrina corrente. A primeira, que segue o entendimento denominado escola subjetiva, segundo a qual, ao se verificar que o destinatário final de um produto ou serviço exerça atividade econômica, civil ou empresária, não poderia ser qualificado como consumidor, porque o produto ou serviço por ele adquirido integraria, ainda que de maneira indireta a sua cadeia produtiva.

A segunda linha de entendimento recebe a denominação de escola objetiva, e defende que, ainda que o destinatário desempenhe atividade econômica civil ou empresária, será considerado consumidor sempre que adquirir o bem para fins diversos da integração na cadeia produtiva. A relação de consumo fica caracterizada pela destruição do valor de troca do bem ou do serviço. Trata-se, portanto, da contraposição: de um lado, do conceito econômico do consumidor, e de outro, do seu conceito jurídico.

A Quarta e a Sexta Turmas do STJ adotavam o conceito econômico de consumidor direto, ou seja, filiavam-se à escola subjetiva. A primeira e a terceira Turma, por outro lado, adotavam um conceito jurídico de consumidor direto e, portanto, filiavam-se à escola objetiva. Após muita discussão, o conceito que veio a prevalecer na Segunda Seção foi o conceito jurídico de consumidor direto, ou seja, uniformizou-se quanto à definição de consumidor o conceito defendido pela escola objetiva, conforme consta no julgamento do REsp 541.867/BA (Segunda Seção, DJ 16/05/2005, p. 227).

A pacificação quanto à definição de quem pode ser considerado consumidor ocorreu em junho de 2004, e serve para demonstrar, no ano em que se comemorava os 15 anos de vigência do CDC, que levou 14 anos para uniformizar, nas Turmas de Direito Privado, o conceito de consumidor.

Assentada a questão do alcance do conceito de consumidor, o STJ também se debruçou sobre qual a extensão do CDC sobre a prestação de serviços públicos, considerando que há normas consumeristas cuja poderiam desnaturar os serviços públicos, na qualidade de prestação de caráter social.

Dessa forma, a jurisprudência do STJ vem identificando as relações das quais participam usuários de serviços públicos específicos e remunerados como uma relação de consumo. Há, assim, julgamentos relacionados aos serviços de pedágio pela manutenção de rodovias, de distribuição domiciliar de água potável, dos serviços postais e outros. Nesse sentido, respectivamente, REsp 467.883/RJ (Terceira Turma, DJ 01/09/2003, p. 281), REsp 263229/SP (Primeira Turma, DJ 09/04/2001, p. 332) e REsp 527.137/PR (Primeira Turma, DJ 31/05/2004, p. 191).

Em comum, esses serviços são caracterizados por possuírem caráter divisível e serem remunerados por meio de tarifa ou preço público. Isso porque, antes da pacificação jurisprudencial, discutia-se todos os serviços públicos poderiam ser submetidos ao regime do CDC. Paradigmático neste tema é o julgamento do STJ no REsp 525.500/AL, cuja ementa está abaixo transcrita:

> Administrativo – Serviço público – Concedido – Energia elétrica – Inadimplência. 1. Os serviços públicos podem ser próprios e gerais, sem possibilidade de identificação dos destinatários. São financiados pelos tributos e prestados pelo próprio Estado, tais como segurança pública, saúde, educação etc. Podem ser também impróprios e individuais, com destinatários determinados ou determináveis. Neste caso, têm uso específico e mensurável, tais como os serviços de telefone, água e energia elétrica. 2. Os serviços públicos impróprios podem ser prestados por órgãos da administração pública indireta ou, modernamente, por delegação, como previsto na CF (art. 175). São regulados pela Lei 8.987/95, que dispõe sobre a concessão e permissão dos serviços públicos. 3. Os serviços prestados por concessionárias são remunerados por tarifa, sendo facultativa a sua utilização, que é regida pelo CDC, o que a diferencia da taxa, esta, remuneração do serviço público próprio. 4. Os serviços públicos essenciais, remunerados por tarifa, porque prestados por concessionárias do serviço, podem sofrer interrupção quando há inadimplência, como previsto no art. 6º, § 3º, II, da Lei 8.987/95, Exige-se, entretanto, que a interrupção seja antecedida por aviso, existindo na Lei 9.427/97, que criou a ANEEL, idêntica previsão. 5. A continuidade do serviço, sem o efetivo pagamento, quebra o princípio da igualdade das partes e ocasiona o enriquecimento sem causa, repudiado pelo Direito (arts. 42 e 71 do CDC, em interpretação conjunta). 6. Recurso especial provido (REsp 525.500/AL, Segunda Turma, DJ 10.05.2004, p. 235).

Nessa perspectiva, os serviços públicos prestados de maneira genérica, para o público em geral, sem a possibilidade de divisão, custeados por meio de diferentes tributos, não seriam passíveis de submissão a uma relação de consumo. Não se trata, nessas hipóteses, de serviço posto à disposição no mercado de consumo, tornando a relação entre usuário e Poder Público distinta daquela relação consumerista. Da mesma forma, não se aplica a legislação de defesa do consumidor em serviços públicos de natureza compulsória, como a coleta de lixo domiciliar ou fiscalização, que são remunerados por taxa.

Portanto, de acordo com a jurisprudência do STJ, o Código de Defesa do Consumidor incide sobre os serviços públicos *uti singuli*, prestados de forma divisível, ofertados no mercado de consumo e remunerados por tarifa ou preço público.

Feitos os necessários esclarecimentos sobre a aplicação do CDC aos serviços públicos, nas seções a seguir, serão abordadas situações em que a jurisprudência do STJ influenciou de maneira significativa a prestação de algum serviço regulado – seja serviço público ou atividade econômica em sentido estrito.

4.2 Da interrupção do fornecimento de energia elétrica

Inicialmente, é interessante mencionar a interpretação atribuída pelo STJ ao art. 22 do CDC, acima mencionado, com relação ao dever de continuidade dos serviços públicos essenciais. Como regra geral, as concessionárias devem prestar de forma ininterrupta o fornecimento de energia elétrica ao consumidor, mediante o pagamento de tarifa. Há, inclusive, consequências jurídicas na hipótese de descumprimento desse dever, tais como a aplicação de sanções administrativas, a possibilidade de responsabilização civil e, ainda, a determinação judicial na continuidade do serviço.

De fato, a jurisprudência do STJ hoje é orientada no sentido de responsabilizar as fornecedoras de energia elétrica pelos danos advindos da interrupção indevida desse serviço. Nesse sentido, ver REsp 506.443/RN (Rel. Ministro Carlos Alberto Menezes Direito, Terceira Turma, DJ 08/09/2003, p. 328).

Por esse motivo, houve grande controvérsia doutrinária e jurisprudencial acerca da possibilidade de interrupção do serviço de fornecimento de energia elétrica em razão da inadimplência do consumidor. Discutia-se, ante a obrigação de continuidade do serviço público, se a concessionária poderia suspender o fornecimento diante do não pagamento das tarifas devidas. A doutrina então dividiu-se entre aqueles que defendiam que o mero inadimplemento autorizada a suspensão do fornecimento, de um lado, e aqueles que entendiam necessário a presença de má-fé do consumidor para a ocorrência da interrupção, a qual de toda maneira deveria ser precedida de autorização judicial (NUNES, 2006).

Diante de tema tão controvertido, a jurisprudência do Superior Tribunal de Justiça apresentou uma interessante evolução com o passar dos anos. Inicialmente, com fundamento nos arts. 22 e 49 do CDC, a Corte Superior afirmou que seria proibida a suspensão da prestação de serviços essenciais, mesmo diante do não pagamento das tarifas devidas, devendo o fornecedor se utilizar de outros meios para realizar a cobrança dos valores inadimplidos. Nesse sentido, ver o REsp 122.812/ES (rel. Min. Milton Luiz Pereira, Primeira Turma, DJ 26.03.2001, p. 369) e REsp 430.812/MG (rel. Min. José Delgado, Primeira Turma, DJ 23.09.2002, p. 277).

Após um período, contudo, o mesmo Superior Tribunal de Justiça passou a entender que o dever de continuidade dos serviços públicos não subsistia ante a ausência de pagamento das tarifas pelos consumidores, conferindo assim nova interpretação ao mencionado art. 22 do CDC e ao art. 6º, § 3º, da Lei 8.987/95. Nesses termos, veja-se o julgamento do REsp 363.943/MG, cuja ementa segue abaixo:

> Administrativo – Energia elétrica – Corte – Falta de pagamento – É lícito à concessionária interromper o fornecimento de energia elétrica, se, após aviso prévio, o consumidor de energia elétrica permanecer inadimplente no pagamento da respectiva conta (L. 8.987/95, Art. 6º, § 3º, II). (REsp 363.943/MG, Rel. Ministro Humberto Gomes de Barros, Primeira Seção, julgado em 10/12/2003, DJ 01.03.2004, p. 119)

No entanto, mesmo ante a possibilidade de suspensão do fornecimento de energia elétrica, o STJ estabeleceu algumas exceções à possibilidade de interrupção. Dessa maneira, ainda seria ilegal a conduta de interromper o fornecimento se: (i) não houver prévia notificação ao consumidor (REsp 285.262/MG, Quarta Turma, DJ 17/02/2003, p. 282); (ii) o débito em questão for litigioso (AgRg no Ag 559.349/RS, Segunda Turma, DJ 10.05.2004, p. 249); (iii) o inadimplemento for em razão de outro consumidor que habitava na mesma unidade imobiliária (REsp 631.246/RJ, Primeira Turma, DJ 23.10.2006, p. 259); e (iv) qualquer envolver órgão municipal (REsp 291.158/PB, Segunda Turma, DJ 14.06.2004, p. 188).

4.3 Da assinatura básica do serviço de telefonia fixa

Outra questão controversa que aborda tanto a defesa do consumidor quanto disposições regulatórias diz respeito à chamada "assinatura básica residencial" relacionada aos serviços telecomunicações, prestados na modalidade Serviço de Telefonia Fixo Comutado – STFC.

De forma semelhante a outros serviços, cobra-se uma tarifa mínima, disponibilizando ao consumidor uma quantidade, também mínima, de minutos a serem utilizados em chamadas, sendo a tarifa cobrada mesmo quando não houver a utilização de todo o tempo posto à disposição do consumidor.

No entanto, o Superior Tribunal de Justiça entendeu que a assinatura básica remunera não apenas o serviço efetivamente prestado, mas todos os custos suportados pela operadora de telefonia para deixar esses minutos à disposição do consumidor. Por isso, não haveria como prosperar a tese segundo a qual a assinatura básica remuneraria um serviço que, em realidade, não foi prestado (PFEIFFER, 2016).

Ademais, o STJ entendeu que essa prática haveria fundamento no art. 93, VII, da Lei 9.472/97 e que não haveria qualquer contradição ou ofensa aos dispositivos do Código de Defesa do Consumidor, como consta no julgamento paradigma desta questão, o REsp 1007703/RS (Segunda Turma, DJe 18.11.2008).

Como afirma Pferiffer (2016) sobre este ponto, o Tribunal entendeu que o Código de Defesa do Consumidor não amparava a tese dos consumidores, uma vez que a assinatura não englobava apenas a franquia de minutos, mas também a disponibilização do serviço.

4.4 Da devolução em dobro de valores cobrados indevidamente

Relacionado ao tema de cobrança dos serviços prestados aos consumidores, o art. 42, parágrafo único, do Código de Defesa do Consumidor estabelece que "o consumidor cobrado em quantia indevida tem direito à repetição do indébito, por valor igual ao dobro do que pagou em excesso, acrescido de correção monetária e juros legais, salvo hipótese de engano justificável".

Trata-se de dispositivo fundamental que exige dos fornecedores cuidado e boa-fé ao efetuar a cobrança de seus consumidores, ainda mais quando houver na hipótese serviços públicos ou atividades econômicas reguladas. De fato, mesmo nesses setores, o Superior Tribunal de Justiça possui julgamentos específicos que determinam a devolução em dobro, tais como na prestação do serviço de telefonia fixa (REsp 910.784/RJ, Segunda Turma, DJe 23/06/2009) e no fornecimento de água (REsp 263.229/SP, Primeira Turma, DJ 09/04/2001, p. 332).

Como aponta Pfeiffer (2016), esses precedentes do STJ aliados a pressões de entidades de defesa do consumidor fizeram que a Agência Nacional de Telecomunicações, autoridade regulatória responsável pelo setor de telefonia, revogasse o art. 65, parágrafo único, da Resolução ANATEL 85, que determinava a devolução simples, isto é, do mesmo valor que fosse cobrado indevidamente. Tal resolução foi substituída pela Resolução ANATEL 426, de 2007, cujo art. 98, parágrafo único determina a devolução em dobro aos consumidores pagarem valores cobrados de maneira indevida.

No entanto, cuida-se de um tema em que a jurisprudência do STJ ainda deve avançar para dar efetividade integral ao disposto no CDC, mesmo que a legislação de defesa do consumidor já esteja há quase vinte anos em vigor. A alteração jurisprudencial mencionada diz respeito à comprovação do estado anímico do fornecedor para que essa cobrança ocorra em dobro.

Isso porque a jurisprudência das Turmas que compõem a Segunda Seção do STJ compreende ser necessária a comprovação da má-fé ou culpa do fornecedor na cobrança excessiva. Nesse sentido, o voto condutor do julgamento do REsp 505.734/MA (Terceira Turma, DJ 23/06/2003), que parece ser o primeiro julgamento acerca do tema na Terceira Turma, afirma o seguinte:

> (...) Em matéria de cobrança decorrente de financiamento, que suscita controvérsia nos Tribunais, não se pode identificar, a meu sentir, nem a má-fé nem mesmo dolo ou culpa. Tanto isso é verdade, que persiste ainda hoje, submetida ao crivo do Colendo Supremo Tribunal Federal, a questão da incidência do Código de Defesa do Consumidor nas operações bancárias, embora, depois de oscilação, tenha sido assentado o tema nesta Corte. Daí que merece conhecido e provido, em parte, o especial neste aspecto para afastar a repetição em dobro.

Nessa assentada, a Terceira Turma não apenas entendeu que o requisito da comprovação da má-fé está previsto no art. 42, parágrafo único, do CDC, como também considerou o fato de, à época do julgamento – no ano de 2003 – ainda estar pendente de julgamento sobre a constitucionalidade da aplicação da legislação de defesa do consumidor às instituições financeiras pelo Supremo Tribunal Federal. Essa questão foi apenas terminantemente pacificada no ano de 2006, com o julgamento ADI 2591, julgado pelo STF em 07/06/2006, que pronunciou a constitucionalidade da norma.

Portanto, tem-se uma interessante situação que, mudou-se um pressuposto de aplicação jurisprudencial de uma norma jurídica, mas não se alterou seu resultado último. As Terceira e Quarta Turmas do STJ continuaram a exigir a comprovação da má-fé para a devolução em dobro, que, em realidade, é um requisito previsto apenas na legislação civil, mas totalmente ausente na literalidade da lei de defesa do consumidor, como será discutido a seguir.

Não à toa que doutrinadores, como Claudia Lima Marques, afirmarem que, em mais de 20 (vinte) anos de vigência do CDC o disposto no art. 42, parágrafo único, tenha alcançado relativa ou pouca efetividade (MARQUES, C. L.; BENJAMIN, A. H. V.; MIRAGEM, B. *Comentários ao Código de Defesa do Consumidor*. 5. ed. São Paulo: Ed. RT, 2016. p. 1099).

Levantando-se, assim, a influência dos precedentes das Turmas da Segunda Seção do STJ, cumpre-nos refazer uma cuidadosa interpretação do CDC, no que diz respeito à repetição de valores cobrados indevidamente pelos fornecedores. Essa é a redação do dispositivo legal em discussão:

> Art. 42. (...) Parágrafo único. O consumidor cobrado em quantia indevida tem direito à repetição do indébito, por valor igual ao dobro do que pagou em excesso, acrescido de correção monetária e juros legais, salvo hipótese de engano justificável.

Da leitura do dispositivo, portanto, podemos concluir que os requisitos para a ocorrência de uma repetição de indébito, em dobro, são: (i) a existência de uma relação de consumo; (ii) a ocorrência de uma cobrança indevida; (iii) o pagamento pelo consumidor do valor indevido; e (iv) ausência de engano justificável por parte do fornecedor.

A existência da relação de consumo é pressuposto fundamental para a incidência do CDC. Sem ela, as regras aplicáveis seriam aquelas prevista na legislação civil, em que há a necessidade de comprovação da má-fé para a repetição em dobro. Configura-se cobrança indevida toda vez que ao consumidor é apresentado uma fatura em que constam valores a maior ou serviços não contratados, bem como quando – muito comum por parte das instituições financeiras – os valores são retirados diretamente da conta corrente dos consumidores. A questão do pagamento pelo consumidor é um requisito básico, pois não se pode repetir aquilo que não se pagou.

O último requisito diz respeito à inexistência de "engano justificável", quer dizer que, se o fornecedor provar que a cobrança indevida ocorreu de forma justificada, o consumidor fará jus apenas a devolução do valor que pagou em excesso ao fornecedor. Esse requisito, como é possível perceber, é o mais controverso por potencialmente confundir conceitos e merecerá maiores comentários a seguir.

A doutrina mais balizada sobre o assunto é unânime em afastar o elemento anímico (culpa ou dolo) para a configuração da repetição em dobro do valor cobrado indevidamente pelos fornecedores (ver TARTUCE, 2016 e MIRAGEM, 2010). No mesmo sentido, a professora Claudia Lima Marque afirma que, a princípio, toda cobrança a maior do consumidor é indevida, devendo ocorrer a repetição em dobro, exceto se o fornecedor justificar o engano na cobrança, conforme sua lição a seguir:

> A devolução simples do cobrado indevidamente é para casos de erros escusáveis dos contratos entre iguais, dois civis ou dois empresários, e está prevista no CC/2002. No sistema do CDC, todo engano na cobrança de consumo é, em princípio, injustificável, mesmo o baseado em cláusulas abusivas inseridas no contrato de adesão, *ex vi* o disposto no parágrafo único do art. 42. Cabe ao fornecedor provar que seu engano na cobrança, no caso concreto, foi justificado. (MARQUES, BENJAMIN, MIRAGEM, 2016, p. 1099).

Por sua vez, o professor Leonardo de Faria Beraldo afirma que, com a referência à expressão "engano justificável", neste ponto, o CDC se afasta da responsabilidade objetiva para adotar uma regra de culpa presumida do fornecedor, a quem caberá provar que não agiu com má-fé na cobrança de valores indevidos junto ao consumidor (BERALDO, 2017).

Dessa forma, feita essa breve referência doutrinária – reconhecendo a relatoria de julgamentos no sentido de exigir a comprovação pelo consumidor da má-fé do fornecedor – entendo que a orientação das Turmas da Segunda Seção deve ser alterada por dois motivos essenciais: (i) o requisito da comprovação da má-fé não consta do art. 42, parágrafo único, do CDC, nem em qualquer outro dispositivo da legislação consumerista. A parte final da mencionada regra – "salvo hipótese de engano justificável" – não pode ser compreendida como necessidade de prova do elemento anímico do fornecedor; e (ii) por ser a parte vulnerável e hipossuficiente da relação de consumo, não é justo impor ao consumidor o dever de provar que o valor indevido foi cobrado de modo culposo.

Lembre-se que, por definição, o consumidor é a parte vulnerável de toda e qualquer relação de consumo.

4.5 Dos aumentos dos planos de saúde em decorrência da alteração de faixa etária

Sobre esse delicado tema, em função de sua relevância e quantidade de recursos versando sobre o mesmo assunto, o STJ fixou tese, por meio do julgamento de um recurso especial repetitivo, no Tema 952, com fundamento no art. 1.040 do CPC/2015.

Em alterações a entendimento anterior do STJ, que considerava ilegal os reajustes unicamente por mudança de faixa etária (Resp 989.380/RN, Terceira Turma, DJe 20/11/2008), a tese fixada no Tema 952 consistiu em afirmar que "o reajuste de mensalidade de plano de saúde individual ou familiar fundado na mudança de faixa etária do beneficiário é válido desde que (i) haja previsão contratual, (ii) sejam observadas as normas expedidas pelos órgãos governamentais reguladores e (iii) não sejam aplicados percentuais desarrazoados ou aleatórios que, concretamente e sem base atuarial idônea, onerem excessivamente o consumidor ou discriminem o idoso".

Em outras palavras, trouxe a abusividade da cláusula de reajuste por faixa etária para a análise das particularidades de cada hipótese, afastando uma ilegalidade em si mesmo, ao afirmar que o disposto no art. 15, § 3º, do Estatuto do Idoso, que veda a discriminação contra o idoso nos planos por meio de cobranças diferenciadas, impediria somente o reajuste totalmente desproporcional, sem relação com o aumento do risco assistencial coberto pelo contrato.

Além disso, nessa oportunidade, reconheceu-se que os gastos de tratamento médico-hospitalar de pessoas idosas são em regra mais elevados do que os de pessoas mais jovens. Dessa forma, há uma necessidade de conferir maior equilíbrio financeiro ao plano de saúde, e a divisão por faixas etárias é um mecanismo contratual apto a ser utilizado pelas operadoras dos planos de saúde.

Aliás, esse mecanismo contratual encontra fundamento no princípio do mutualismo e da solidariedade intergeracional, permitindo a existência de um certo subsídio cruzado entre os beneficiários, a fim de não onerar excessivamente aqueles de idade mais avançada.

Também é digno de nota que o STJ reforçou a necessidade de observância das resoluções editadas pelo órgão regulador, que traça quantas faixas etárias os contratos podem conter, bem como a maior variação entre as faixas inicial e final. Sobre este ponto, assim constou no acórdão:

> No tocante aos contratos antigos e não adaptados, isto é, aos seguros e planos de saúde firmados antes da entrada em vigor da Lei 9.656/1998, deve-se seguir o que consta no contrato, respeitadas, quanto à abusividade dos percentuais de aumento, as normas da legislação consumerista e, quanto à validade formal da cláusula, as diretrizes da Súmula Normativa 3/2001 da ANS. b) Em se tratando de contrato (novo) firmado ou adaptado entre 2/1/1999 e 31/12/2003, deverão ser cumpridas as regras constantes na Resolução CONSU 6/1998, a qual determina a observância de 7 (sete) faixas etárias e do limite de variação entre a primeira e a última (o reajuste dos maiores de 70 anos não poderá ser superior a 6 (seis) vezes o previsto para os usuários entre 0 e 17 anos), não podendo também a variação de valor na contraprestação atingir o usuário idoso vinculado ao plano ou seguro saúde há

mais de 10 (dez) anos. c) Para os contratos (novos) firmados a partir de 1º.01.2004, incidem as regras da RN 63/2003 da ANS, que prescreve a observância (i) de 10 (dez) faixas etárias, a última aos 59 anos; (ii) do valor fixado para a última faixa etária não poder ser superior a 6 (seis) vezes o previsto para a primeira; e (iii) da variação acumulada entre a sétima e décima faixas não poder ser superior à variação cumulada entre a primeira e sétima faixas (REsp 1568244/RJ, Segunda Seção, julgado em 14.12.2016, DJe 19.12.2016).

O interessante a ser mencionado neste trabalho é que o Superior Tribunal de Justiça expressamente fundamenta sua decisão em nova regulamentação da Agência Nacional de Saúde Suplementar – ANS, autoridade regulatória responsável pela fiscalização de empresas fornecedoras de planos de saúde, reconhecendo esses dispositivos como uma solução jurídica válida para as hipóteses de aumento da mensalidade em decorrência da mudança de faixa etária.

5. CONCLUSÃO

Conforme exposto acima, a aplicação pelo Superior Tribunal de Justiça do Código de Defesa do Consumidor aos fornecedores de serviços regulados apresentou desafios, alguns já superados e outros que ainda devem ser enfrentados. Interessante notar que o STJ, nas situações ilustrada acima, é sensível às diferenças entre serviço público e atividade econômica em sentido estrito, o que é grande fator para a estabilidade dos respectivos regimes jurídicos.

Da mesma forma, é reconhecida a existência de agências reguladoras que editam e efetivam regulações nos setores para os quais foram criadas e sobre os quais o STJ também se debruça. Apesar de o STJ manter sua independência e soberania frente à interpretação da legislação federal, pode-se verificar algum tipo de relação entre decisões judiciais e administrativas.

Assim, tem-se que, na hipótese de devolução em dobro de valores cobrados indevidamente do serviço de telefonia fixa, as decisões do STJ foi um dos fatores que levou à agência alterar a resolução sobre assunto. De outro lado, com relação aos aumentos de planos de saúde por faixa etária, em um primeiro momento, as decisões do Poder Judiciário fizeram que igualmente a ANS alterasse a resolução sobre o tema e, posteriormente, o próprio STJ reconheceu tal regulação como uma solução jurídica válida.

É certo, contudo, que esse tipo de relacionamento merece maiores aprofundamentos, mas devemos concluir no mesmo sentido que o Min. Sidinei Beneti (2011), ao verificar que a presença de um "Fator STJ" orientado no sentido de proporcionar sempre uma maior proteção ao consumidor, nos termos do disposto no CDC.

6. REFERÊNCIAS

ANDRIGHI, Fátima Nancy. *Direitos do consumidor na jurisprudência do STJ*. Brasília, DF, 2005. Disponível em: [http://bdjur.stj.jus.br//dspace/handle/2011/1839]. Acesso em: 16.11.2011.

ANDRIGHI, Fátima Nancy. O conceito de consumidor direto e a jurisprudência do Superior Tribunal de Justiça. *Revista de Direito Renovar*. Rio de Janeiro, n. 29, p. 1-11, maio/ago. 2004.

ANDRIGHI, Fátima Nancy. O Código de Defesa do Consumidor pela jurisprudência do Superior Tribunal de Justiça: alguns apontamentos. In: MORATO, Antonio Carlos; NERI, Paulo de Tarso (Org.). *20 anos do Código de defesa do consumidor*: estudos em homenagem ao professor José Geraldo Brito Filomeno. São Paulo: Atlas, 2010.

ARAGÃO. Alexandre Santos de. Serviços públicos e Direito do Consumidor: possibilidades e limites de aplicação do CDC. *Revista de Doutrina da 4ª Região*. Porto Alegre, n. 36, 2010.

ARAGÃO. Alexandre Santos de. *Direito dos Serviços Públicos*. 2. ed. Rio de Janeiro: Forense, 2008.

ARANHA, M. I. *Manual de Direito Regulatório*. London: Laccademia, 2015.

BENETI, Sidinei. O "Fator STJ" no direito do consumidor brasileiro. *Revista de Direito do Consumidor*, v. 79/2011, p. 11-41, Jul.-Set./2011.

BENJAMIN, A. H.; MARQUES, C. L.; BESSA, L. R. *Manual de Direito do Consumidor*. 5. ed. São Paulo: Ed. RT, 2013.

BERALDO, Leonardo de Faria. A vulnerabilidade do consumidor e a devolução em dobra da cobrança indevidamente paga. In: LIMA, T.M.M.; SÁ, M.F.F.; MOUREIRA, D.L. *Autonomia e vulnerabilidade*. Belo Horizonte: Arraes, 2017.

BRAITHWAITE, J. *Restorative Justice and Responsive Regulation*. Oxford: Oxford University, 2002.

FARENA, Duciran Van Marsen. Regulação e defesa do consumidor no setor de telefonia. *Revista de Direito do Consumidor*: RDC, v. 15, n. 59, p. 26-39, jul./set. 2006.

FILOMENO, José Geraldo Brito. *Manual de direitos do consumidor*. 6. ed. São Paulo: Atlas, 2003.

GRAU, Eros Roberto. *A ordem econômica na Constituição de 1988*. 15. ed. São Paulo: Malheiros, 2012.

GRINOVER, Ada Pellegrini et al. *Código brasileiro de defesa do consumidor*: comentado pelos autores do anteprojeto. 9. ed. Rio de Janeiro: Forense Universitária, 2007.

JUSTEN FILHO, Marçal. *Curso de Direito Administrativo*. 10. ed. São Paulo: Ed. RT, 2014.

LEVI-FAUR, D. *Regulation & Regulatory Governance*. Jerusalem Papers in Regulation & Governance. Working Paper n. 1, 2010.

LOBEL, O. The Renew Deal: The Fall of Regulation and the Rise of Governance in Contemporary Legal Thought. *Minnesota Law Review*, v. 89, p. 342-370, 2004.

MARQUES, C.L.; BENJAMIN, A.H.V.; e MIRAGEM, B. *Comentários ao Código de Defesa do Consumidor*. 5. ed. São Paulo: Ed. RT, 2016.

MIRAGEM, Bruno. *Curso de Direito do Consumidor*. 2. ed. São Paulo: Ed. RT, 2010.

MIRAGEM, Bruno. A regulação do serviço público de energia elétrica e o direito do consumidor. *Revista de direito do Consumidor* – RDC, v. 13, n. 51, jul.set. 2004.

NORTH, D. *Institutions, Institutional Change and Economic Performance*. Cambridge: Cambridge University, 1990.

NUNES, Luiz Rizatto. *Curso de direito do consumidor*. São Paulo: Saraiva, 2006.

PFEIFFER, Roberto Augusto Castellanos. Código de Defesa do Consumidor e serviços públicos: balanço e perspectivas. *Revista de Direito do Consumidor*, v. 104/2016, p. 65-98, mar.-abr./2016.

SELZNICK, P. Focusing Organizational Research on Regulation. In: NOLL, R. *Regulatory Policy and Social Sciences*. Bereley; Los Angeels: University of California, 1985.

STIGLER, G. J. The Theory of Economic Regulation. *Bell Journal of Economics and Management Science*, v. 2, n. 1, p. 3-21, primavera 1971.

TARTUCE, Flávio. *Manual de direito do consumidor*. 5. ed. Rio de Janeiro: Método, 2016.

A IMPORTÂNCIA DO RELACIONAMENTO EMPRESA-CLIENTE NA RESPONSABILIDADE CIVIL

Sérgio Cavalieri Filho

Professor emérito da EMERJ – Escola da Magistratura do Estado do Rio de Janeiro de que foi diretor-geral e professor especialista em responsabilidade civil e direito do consumidor do curso de direito da Universidade Estácio de Sá desde 1972. Desembargador aposentado do Tribunal de Justiça do Estado do Rio de Janeiro, do qual foi presidente.

> "Um velho timbira, coberto de glória,
> guardou a memória,
> do moço guerreiro, do velho tupi!
> E à noite, na taba,
> se alguém duvidava do que ele contava,
> dizia prudente:
> *meninos, eu vi*".[1]

Sumário: 1. O consumidor antes do CDC. 2. O consumidor depois do CDC. 3. O CDC é o instrumento legal para a efetivação da defesa do consumidor. 4. O CDC foi a lei mais inovadora do século XX. 5. O princípio da segurança. 6. Efeitos positivos do CDC. 7. Lei protecionista e não paternalista. 8. Justa homenagem.

Muito nos honrou o convite para participar da elaboração desta obra comemorativa dos trinta anos de existência do Código de Defesa do Consumidor (CDC) por nos proporcionar a oportunidade de relatar, resumidamente, a nossa vivência na área do consumo nos últimos cinquenta anos.

Com efeito, tendo ingressado na magistratura cerca de vinte anos antes do Código do Consumidor, pudemos acompanhar o que aconteceu com o consumidor antes e depois do CDC. Assim, parodiando Gonçalves Dias no seu famoso poema "I Juca Pirama", podemos também dizer – "*senhores, eu vi*".

1. O CONSUMIDOR ANTES DO CDC

Antes do CDC o consumidor não tinha vez. O que isso quer dizer? A produção e o consumo em massa, amparados pelas teorias econômicas que lhe serviram de suporte – liberalismo, livre iniciativa, autonomia da vontade, neoliberalismo etc. –, levaram à despersonalização da pessoa humana que figurava no elo final da cadeia de consumo. Passou a ser considerada um ente abstrato, um dado econômico, um número ou uma coisa de valor patrimonial.

---

1. Gonçalves Dias, I Juca Pirama.

Nos transportes públicos, falava-se em milhões de passageiros; os empresários falavam em milhões de clientes; os prestadores de serviços públicos falavam em milhões de usuários; os bancos em milhões de correntistas; as seguradoras em milhões de segurados; os jornais em milhões de leitores; as televisões em milhões de telespectadores, e assim por diante. Ninguém falava no consumidor, no cidadão, na pessoa humana como titular de direitos.

Quanto maior a carteira, maior era o valor patrimonial da empresa. O assim chamado *homo economicus*[2] indica o distanciamento da realidade existencial do ser humano que consome. Não era sujeito de direito, apenas destinatário de produtos e serviços. Até suas necessidades eram provocadas artificialmente pelo monumental aparato publicitário que cercava os produtos e serviços lançados no mercado.

Em síntese, antes do CDC o consumidor não tinha vez, nem direitos, era um número. A mensagem do Presidente Kennedy, encaminhada ao Congresso dos Estados Unidos em 15 de março de 1962, bem sintetiza essa realidade: "Consumidores, por definição, somos todos nós. Os consumidores são o maior grupo econômico na economia, afetando e sendo afetado por quase todas as decisões econômicas, públicas e privadas [...]. *Mas são o único grupo importante da economia não eficazmente organizado e cujos posicionamentos quase nunca são ouvidos*".[3]

2. O CONSUMIDOR DEPOIS DO CDC

Esse cenário começou a mudar com a Constituição de 1988, que, ao cuidar dos Direitos e Garantias Fundamentais, no seu art. 5º, inciso XXXII, determinou: "O Estado *promoverá*, na forma da lei, a defesa do consumidor."

Qual é o sentido desse dispositivo constitucional e que conclusão dele se deve tirar? Não há nele uma simples recomendação ou advertência para o Estado, mas sim uma ordem. "O Estado promoverá a defesa do consumidor". Promover a defesa do consumidor não é uma mera faculdade do Estado, mas sim um dever. Mais do que uma obrigação, a defesa do consumidor é um imperativo constitucional. E se é um dever do Estado, por outro lado é *um direito fundamental do consumidor*.

Nesse sentido a lição do eminente Prof. José Afonso da Silva. "Com a inserção dessa cláusula de tutela entre os direitos fundamentais, os consumidores foram erigidos à categoria de titulares de direitos constitucionais fundamentais".[4]

O constituinte originário, portanto, instituiu a defesa do consumidor como um imperativo constitucional do Estado e um direito fundamental do consumidor. E que transformação! O consumidor que até então não tinha vez, não tinha direitos, era apenas um número nas relações de consumo, passou a ser *titular de direito fundamental*.

---

2. O conceito humano expressado no *Homo Economicus* não se dedica a considerar outras vertentes da existência humana, como as suas motivações subjetivas. Pelo contrário, é analisado apenas no que tange à racionalidade econômica. O atributo central do Homo Economicus é a capacidade de usar o raciocínio para consumir e produzir, criando uma dinâmica trama social em torno dos seus próprios interesses
3. *Special Message to the Congress on Protecting Consumer Interest.*
4. *Curso de Direito Constitucional Positivo.* 20. ed. São Paulo: Malheiros, 2002. p. 261-262, item n. 27.

A defesa do consumidor, entretanto, deveria ser feita *na forma da lei*.[5] Em outras palavras, o constituinte originário determinou a elaboração de uma lei para a defesa do consumidor, o que evidencia que o *Código do Consumidor*, diferentemente das leis ordinárias em geral, tem origem em imperativo constitucional. Bem por isso, sempre repetimos, o Código do Consumidor é a lei mais extraordinária do século passado. Se temos uma *Constituição cidadã*, como bem a qualificou o grande deputado Ulisses Guimarães, temos também *uma lei cidadã* – o Código do Consumidor.

Quando uma lei ordinária – o Código do Consumidor – densifica um princípio constitucional (a defesa do consumidor), ela ganha uma qualidade nova. A lei é ordinária, mas é excepcionalmente qualificada pelo fato de versar um direito fundamental, uma matéria que a Constituição encomendou a uma lei especialíssima. Com base nisso foi concebida a tese da proibição ao retrocesso.[6] Embora lei ordinária, é excepcionalmente qualificada pelo fato de versar, no caso, tanto um direito fundamental quanto um princípio da ordem econômica. Ela não pode sequer ser revogada.[7]

Em suma, o Código do Consumidor resgatou a dimensão humana do consumidor na medida em que o tornou *sujeito de direito*, titular de direitos constitucionalmente protegidos. Sujeito de direito é a pessoa a quem a norma jurídica atribui poder para agir e dever a cumprir. Proteger o consumidor, esse novo titular de direito, passou a ser um dever do Estado. Por isso, repetimos, a mais importante contribuição do Código do Consumidor foi a *personalização do consumidor*. O consumidor deixou de ser um número ou um ente abstrato, passando a ser sujeito de direitos, titular de direitos básicos.

3. O CDC É O INSTRUMENTO LEGAL PARA A EFETIVAÇÃO DA DEFESA DO CONSUMIDOR

E sendo a lei constitucionalmente destinada à defesa do consumidor, o CDC é o *instrumento legal* de realização dos valores constitucionais de proteção e defesa dos consumidores, tais como a saúde, a segurança, a igualdade, a vulnerabilidade e outros mais.

Muito apropriada é essa imagem utilizada pela doutrina e a jurisprudência para caracterizar a finalidade do CDC: o Código do Consumidor é *um instrumento*. Ninguém consegue fazer uma obra de arte, mesmo que seja o maior pintor ou escultor do mundo, um Miguel Ângelo por exemplo, sem os instrumentos necessários – o pincel ou o cinzel. Por melhor que seja o médico, um Pitangui da cirurgia estética, não consegue fazer uma intervenção cirúrgica delicada, ou de alto risco sem o bisturi. Pois o CDC, no plano infraconstitucional, é o instrumento legal para a efetivação da defesa do consumidor. Destina-se a efetivar princípios constitucionais, especialmente os princípios da isonomia substancial e da defesa do consumidor. Sem o CDC o imperativo constitucional de defesa do consumidor não passaria de uma folha de papel.

---

5. Art. 5º, inciso XXXII da CF.
6. O princípio da proibição do *retrocesso* impede, em tema de direitos fundamentais de caráter social, que sejam desconstituídas as conquistas já alcançadas pelo cidadão ou pela formação social em que ele vive.
7. Trecho do voto do Min. Carlos Brito no RE 351.750.

O Ministro Cezar Peluso, quando Presidente do Supremo Tribunal Federal, concluiu o seu voto no Recurso Extraordinário 351.750, com essa magistral lição: "A defesa do consumidor, além de objeto de norma constitucional, é direito fundamental (art. 5º, XXXII), de modo que não pode ser restringida por regra subalterna, nem sequer por Emenda Constitucional, enquanto inserta em cláusula pétrea (art. 60, § 4º, inc. IV)."

Mas não é só. A defesa do consumidor, além de direito fundamental, é também princípio geral de toda a atividade econômica. Incluída no art. 170, inciso V, da Constituição, entre os princípios da ordem econômica, aplica-se a todo o capítulo da atividade econômica.

Em voto lapidar, prolatado no julgamento da ADin 2.591/2001, o Ministro Celso Mello, decano do Supremo Tribunal Federal, bem sintetizou essa questão: "Cumpre reiterar, bem por isso, a afirmação de que a **função tutelar resultante da cláusula constitucional de proteção aos direitos do consumidor** projeta-se, também, na esfera relativa à ordem econômica e financeira, na medida em que essa diretriz básica apresenta-se como um insuprimível princípio conformador da atividade econômica (CF, art. 170, V). Dentro dessa perspectiva, **a edição do Código de Defesa do Consumidor** – considerados os valores básicos concernentes à proteção da vida, da saúde e da segurança, e relativos à liberdade de escolha, à igualdade nas contratações, ao direito à informação e à proteção contra publicidade enganosa, dentre outros – **representou a materialização e a efetivação dos compromissos assumidos, em tema de relações de consumo, pelo Estado brasileiro.**"

4. O CDC FOI A LEI MAIS INOVADORA DO SÉCULO XX

Por tudo isso, temos repetido que o Código do Consumidor foi a lei mais inovadora do século XX. Inovadora, primeiramente, pelas inúmeras modificações que introduziu em nosso ordenamento jurídico. Embora destinadas às relações de consumo, essas inovações acabaram por influenciar todo o sistema jurídico brasileiro; a doutrina e a jurisprudência mudaram profundamente após a sua vigência. O Código do Consumidor tornou-se uma espécie de lente pela qual passamos a ler todo o direito obrigacional, contratos e institutos que geram relações de consumo.

Mas, sem dúvida, a maior inovação que o CDC operou foi na *responsabilidade civil nas relações de consumo*.

Deveras, antes do Código do Consumidor não havia legislação eficiente para proteger os consumidores contra os riscos do consumo. Corriam por conta do consumidor, porquanto o fornecedor só respondia no caso de dolo ou culpa, cuja prova era praticamente impossível. Falava-se até na *aventura do consumo*, porque consumir, em muitos casos, era realmente uma aventura. O fornecedor limitava-se a fazer a chamada *oferta inocente*, e o consumidor, se quisesse, que assumisse os riscos dos serviços e produtos consumidos.

Serve de exemplo o caso de uma senhora que julgamos na 9ª Câmara Cível do Tribunal de Justiça do Rio de Janeiro ainda na década de 90 (Ap. Cível 10.771/98). Ao abrir um litro de determinado refrigerante, para servi-lo aos seus dois filhinhos, a tampa explodiu no seu rosto com tal violência que a deixou cega de uma vista. À luz da responsabilidade tradicional, quem seria o causador do dano? A quem aquela senhora poderia responsabilizar? À garrafa que não seria, porque a coisa não responde por coisa alguma. Poderia responsabilizar o vendedor do refrigerante, o supermercado, digamos? Com base na responsabilidade tradicional este haveria de se defender com a máxima facilidade, alegando que não teve culpa, pois limitou-se a vender o refrigerante tal como o recebeu do fabricante – fechado, embalado, lacrado –, sem qualquer participação no processo de fabricação. Poderia a vítima responsabilizar o fabricante? Também este, de acordo com o direito tradicional, haveria de afastar qualquer responsabilidade de sua parte dizendo que nada vendeu para a vítima, que não havia nenhuma relação contratual entre eles, e que só responderia pelo fato da coisa enquanto ela estivesse sob a sua guarda, comando ou direção, jamais depois que saísse de sua fábrica. Como se vê, aquela senhora, pelo sistema tradicional de responsabilidade, estaria ao desamparo, não obstante agredida violentamente no recesso do seu lar.

Outro caso que foi manchete dos jornais na época: "Dinheiro desaparece da conta de poupança." Um cidadão vendeu a sua casinha e depositou o dinheiro na poupança – cerca de R$ 30.000,00 – enquanto procurava outro imóvel para comprar. Um certo dia descobriu, estarrecido, que o dinheiro havia evaporado da sua conta. O saldo foi transferido por alguma operação *on-line* para uma conta fantasma. E agora, à luz da responsabilidade tradicional, a quem iria responsabilizar? Quem lhe teria causado o dano? Alguém anônimo, sem cara, sem nome, sem identidade.

Para enfrentar essa realidade decorrente da revolução industrial e do desenvolvimento tecnológico e científico, o Código do Consumidor engendrou um novo sistema de responsabilidade civil para as relações de consumo, com fundamentos e princípios novos, porquanto a responsabilidade civil tradicional revelara-se insuficiente para proteger o consumidor. O CDC deu uma guinada de 180 graus na disciplina jurídica até então existente na medida em que transferiu os riscos do consumo do consumidor para o fornecedor.

Devem ser destacadas, embora resumidamente, *três grandes modificações* introduzidas pelo Código de Defesa do Consumidor na responsabilidade civil nas relações de consumo:

1. Ação direta do consumidor prejudicado contra o fornecedor de produto ou de serviço, afastado nesta área o mecanismo da responsabilidade indireta.

2. Superação da dicotomia – responsabilidade contratual e extracontratual. O fundamento da responsabilidade civil do fornecedor deixa de ser a relação contratual, ou do fato ilícito, para se materializar na relação jurídica de consumo, contratual ou não.

3. Responsabilidade objetiva para o fornecedor de produtos ou serviços, vinculado que está a um dever de segurança.

5. O PRINCÍPIO DA SEGURANÇA

Assim, o CDC estabeleceu responsabilidade objetiva (independentemente de culpa) para todos os casos de acidente de consumo, quer decorrente do fato do produto (art. 12), quer do fato do serviço (art. 14). Depreende-se desses dois dispositivos que o fato gerador da responsabilidade do fornecedor não é mais a conduta culposa, tampouco a relação jurídica contratual, mas, sim, o *defeito do produto ou do serviço* que causa dano ao consumidor. Todo aquele que fornece produtos ou serviços no mercado de consumo tem o dever de responder pelos danos causados por *defeitos* dos bens e serviços fornecidos, independentemente de culpa. O defeito caracteriza a ilicitude da conduta como um elemento da responsabilidade do fornecedor.

Mas o que é *defeito*? Quando se pode dizer que um produto ou serviço é defeituoso? É aí que se faz presente o *princípio da segurança*. O § 1º do art. 12 do CDC dispõe: "O produto é defeituoso quando não oferece a *segurança* que dele legitimamente se espera." No mesmo sentido o § 1º do art. 14: "O serviço é defeituoso quando não fornece a *segurança* que o consumidor dele pode esperar".

O que significa isso? Significa que o fundamento da responsabilidade do fornecedor não é o risco, como afirmado por muitos, mas, sim, o *princípio da segurança*. O risco, por si só, não gera a obrigação de indenizar. Risco é perigo, é mera probabilidade de dano, e ninguém viola dever jurídico simplesmente porque fabrica um produto ou exerce uma atividade perigosa, mormente quando socialmente admitidos e necessários. Milhões fazem isso sem terem que responder por alguma coisa perante a ordem jurídica. Se assim não fosse, bastaria a colocação do produto em circulação para que ensejasse a responsabilidade do fabricante. Mas não é assim. A responsabilidade só surge quando há violação do dever jurídico correspondente.

Que dever jurídico é esse? Quando se fala em *risco*, tem-se como contraponto a ideia de *segurança*. O dever jurídico que se contrapõe ao risco é o *dever de segurança*. E foi justamente esse dever que o Código do Consumidor estabeleceu no § 1º dos seus arts. 12 e 14. Criou o *dever de segurança para o fornecedor*, verdadeira cláusula geral – o dever de lançar no mercado produto ou serviço sem defeito –, de sorte que se houver defeito e este der causa ao acidente de consumo, por ele responderá independentemente de culpa. A produção de produto ou serviço defeituoso é, portanto, violação do dever jurídico de zelar pela segurança dos consumidores. Aí reside a contrariedade da conduta ao direito, e com isso fica caracterizada a *ilicitude* como elemento da responsabilidade civil.

Portanto, a lei impõe o *dever de segurança* para quem se propõe fornecer produtos e serviços no mercado de consumo; dever de fornecer produtos e serviços seguros, sob pena de responder independentemente de culpa (objetivamente) pelos danos que causar ao consumidor. Esse dever é imanente ao dever de obediência às normas técnicas de segurança. O fornecedor passa a ser o garante dos produtos e serviços que oferece no mercado de consumo. Se o fornecedor pode legitimamente exercer uma atividade perigosa, o consumidor, em contrapartida, tem direito (subjetivo) à incolumidade física e patrimonial, decorrendo daí o *dever de segurança*. Alvino Lima, citando Starck, já prelecionava: "Existe um direito subjetivo à segurança, cuja violação justificará a obrigação de reparar sem nenhum exame psíquico ou mental, sem apreciação moral da conduta do autor do dano".[8]

---

8. *Culpa e risco*, RT, 2. ed., 1998, p. 201.

6. EFEITOS POSITIVOS DO CDC

Inovador foi ainda o CDC pelos efeitos positivos que produziu no curso de sua existência. Como observa o Professor Renato Treves,[9] a lei eficaz produz efeitos positivos,[10] dentre os quais o *educativo* e o *transformador*. E assim é porque a lei, antes de se tornar obrigatória, tem que ser divulgada, publicada, conhecida e, dessa forma, à medida que vai sendo conhecida pelo grupo, vai também educando e mudando a opinião pública, e transformando estruturas sociais. Está mais que evidenciado, através de pesquisas e da própria experiência, que certos assuntos, temas ou questões tornam-se melhor conhecidos do grupo social depois de serem disciplinados por lei eficaz.

Pois bem, nenhuma outra lei desempenhou com tanta eficiência as funções educativa e transformadora como o CDC. Houve inicialmente grande resistência ao Código do Consumidor de várias áreas do mercado de consumo (bancos, seguradores, prestadores de serviços etc.), inclusive de operadores de direitos (até de magistrados), apegados que estavam aos princípios e à disciplina do Código Civil de 1916.

Aos poucos, entretanto, registrou-se um movimento de mudança de mentalidade nos operadores do direito. Advogados começaram a postular com base no Código do Consumidor; juízes, principalmente os mais novos, abandonaram a postura neutra, de meros espectadores da batalha judicial, e passaram a assumir uma postura ativa, sem perda da necessária imparcialidade. Os consumidores, agora mais conscientes dos seus direitos, passaram a procurar o Judiciário aos milhares, principalmente nos juizados especiais; as ações coletivas, ajuizadas pelo Ministério Público e entidades de classes, passaram a ser acolhidas pela Justiça.

E as mudanças sociais começaram também a acontecer. Grandes empresas, em face da nova postura dos consumidores, perceberam que teriam de atender melhor os seus clientes para não os perder, mais do que isso, que podiam aprender com eles para melhorar seus produtos e serviços. Estruturaram-se adequadamente e colocaram em operação o Serviço de Atendimento ao Cliente (SAC) por meio do qual conseguiram padronizar procedimentos, racionalizar atividades, conquistar a fidelidade dos clientes e construir uma imagem positiva da empresa. Hoje, 85% do atendimento dos bancos 24 horas são feitos eletronicamente. Uma grande fornecedora de serviço de telefonia atende mais de 25 milhões de chamadas por mês. É a função educativa do Direito.

Outro exemplo eloquente são as trocas de peças, pneus e outros equipamentos defeituosos – *recalls* – promovidas pelos fabricantes de automóveis. A *Firestone* fez *recall* em 6,5 milhões de pneus que provocaram 270 acidentes, com 46 mortos e 80 feridos.[11] Quando rodavam em alta velocidade ou eram submetidos a altas temperaturas, os pneus defeituosos soltavam a banda de rodagem (a parte que fica em contato com o solo), fazendo com que o motorista perdesse o controle do veículo. A *Fiat* e a *GM* fizeram *recalls* para reforçar o cinto de segurança. Enfim, um festival de *recalls*; em dez anos,

---

9. Sociólogo e filósofo italiano, autor de inúmeras obras sobre Sociologia do Direito. Foi professor das Universidades de Mesina, Urbino, Parma e Milán.
10. Lei eficaz é a que está plenamente adequada às necessidades sociais do seu tempo.
11. *O Globo*, 10 ago. 2000.

quatro milhões de carros saíram de fábrica com defeitos. E as empresas convocaram consumidores porque o *dever de segurança* que têm em relação ao produto que fabricam é ambulatorial. Liga o fabricante e o último consumidor, independentemente de existir ou não entre eles relação contratual. É a função educativa do CDC.

7. LEI PROTECIONISTA E NÃO PATERNALISTA

Cumpre ressaltar, antes de terminar, que o Código do Consumidor, embora destinado à defesa da parte mais fraca (vulnerável) das relações de consumo, não tem caráter paternalista, tampouco de ilimitado favoritismo do consumidor. E essa foi outra dificuldade a ser vencida pela doutrina e jurisprudência. É uma visão equivocada e que levou muitos a fazerem críticas infundadas ao Código, do tipo *elemento desestabilizador do mercado, ditadura do consumidor* etc. Não é bem assim.

A política protetiva estabelecida pelo CDC, afinada com os ditames da ordem econômica definida na Constituição, desenvolve um projeto de ação destinado a alcançar o *equilíbrio* e a *harmonia* nas relações de consumo, conforme se depreende da parte final do art. 4º (*caput*) – "bem como a transparência e *harmonia* das relações de consumo".

No inciso III desse mesmo art. 4º, o Código volta a enfatizar o seu objetivo ao dispor: "*harmonização* dos interesses dos participantes das relações de consumo e *compatibilização* da proteção do consumidor com a necessidade de desenvolvimento econômico e tecnológico, de modo a *viabilizar* os princípios nos quais se funda a ordem econômica (art. 170, da Constituição Federal), sempre com base na boa-fé e *equilíbrio* nas relações entre consumidores e fornecedores." Como se vê, *harmonizar, compatibilizar, viabilizar, equilibrar* são palavras-chaves empregadas pelo CDC para definir o seu objetivo.

E assim é porque consumidores e fornecedores são protagonistas imprescindíveis das relações de consumo, de sorte que o objetivo primordial do CDC não é desequilibrar a balança em favor do consumidor, mas sim harmonizar os interesses de ambos. Nisso consiste o *princípio da equivalência contratual*, núcleo dos contratos de consumo; esse é o ponto de partida para a correta aplicação do CDC. A proteção do consumidor deve ser na exata medida do necessário para compatibilizar o desenvolvimento econômico e tecnológico do qual necessita toda a sociedade e equilibrar as relações entre consumidores e fornecedores. Quando a proteção é exagerada acaba desprotegendo; a proteção se volta contra o protegido. Para promover esse equilíbrio o Código estabelece uma série de princípios, cuja boa aplicação depende do talento do intérprete.

8. JUSTA HOMENAGEM

Editado no final do século XX, o Código do Consumidor está fadado a atingir a sua plena eficácia no curso do século XXI, quando haverá de operar todas as modificações sociais a que ele se destina. Tudo dependerá, entretanto, da postura que continuarmos a ter em relação a ele, principalmente os operadores do direito.

Nesse sentido, devem nos servir de estímulo e exemplo a dedicação e o denodo dos primeiros doutrinadores do Código do Consumidor – Ada Pellegrini Grinover, Antonio

Herman de Vasconcellos e Benjamin, Daniel Roberto Fink, José Geraldo Brito Filomeno, Kazuo Watanabe, Nelson Nery Junior, Zelmo Dalari, Cláudia Lima Marques e outros que, com suas obras clássicas, nos ensinaram as primeiras lições sobre o assunto e nos indicaram o caminho a seguir. A eles as nossas homenagens.

Homenagens merecem também os Ministros do Superior Tribunal de Justiça que foram os pioneiros na interpretação e aplicação do CDC – Ruy Rosado de Aguiar (que há pouco nos deixou), Carlos Alberto Menezes Direito, Costa Leite, Eduardo Ribeiro, Waldemar Zveiter, Sálvio de Figueiredo Teixeira, Barros Monteiro, Cesar Asfor Rocha, Ari Pargendler, Fátima Nancy Andrighi, Aldir Passarinho Júnior, Jorge Scartezzini, João Otávio de Noronha e outros, verdadeiros arquitetos de uma sólida jurisprudência, harmoniosa com todo o sistema jurídico, o que fez do CDC a lei mais revolucionária do século XX.

Senhores, eu vi.

EVOLUÇÃO DA PUBLICIDADE E OS MEIOS DIGITAIS À LUZ DO CDC E DO CONAR

Edney G. Narchi
Vice-Presidente Executivo do CONAR.

Juliana N. Albuquerque
Diretora de Acompanhamento Processual e Coordenação do Conselho de Ética do CONAR – Conselho Nacional de Autorregulamentação Publicitária.

O ano de 1990 foi marcado pela promulgação do Código de Defesa do Consumidor e pelo início da implantação da rede de telefonia móvel no Brasil[1]. Coincide também com a época em que se desencadeou no mundo uma revolução não experimentada desde a descoberta e o uso da eletricidade.

Em diversas áreas, e na propaganda comercial também, os governos, o mercado e a sociedade civil esforçam-se para compreender quais são as implicações dos avanços tecnológicos no curto e longo prazos, avaliando as principais mudanças das relações de comunicação digital entre empresas e consumidores.

Além da onipresença das comunicações, em profusão e em tempo de conexão, ampliaram-se os formatos e fontes. Aqui com destaque, o consumidor brasileiro figura dentre os primeiros em comparativo mundial, com tempo estimado de 9horas por dia em acesso à internet[2] (para o usuário norte americano a estimativa é de 7horas por dia[3]).

A abertura desse ambiente vasto e a virtualidade de interações chegou a provocar inicialmente a equivocada noção de ausência de parâmetro legal e regulatório em relação à internet.

Uma importante articulação fez superar essa impressão preliminar de precariedade e salvo conduto para irregularidades virtuais. O trabalho dos órgãos e agentes de defesa do consumidor, a participação do usuário das redes, a contribuição dos operadores e aplicadores das normas consumeristas e de autorregulamentação da publicidade deram corpo à certeza da validade das regras da comunicação comercial também para o ambiente digital.

---

1. Fonte: Sinditelebrasil.
2. Conforme o documento Brasil Digital Report: https://www.mckinsey.com/br/~/media/McKinsey/Locations/South%20America/Brazil/ Our%20Insights/Brazil%20Digital%20Report/Brazil-Digital-Report-1stEdition_Portuguese-vAjustado.ashx].
3. Conforme o relatório 'OnLine Advertisement' – da OCDE [https://www.oecd-ilibrary.org/docserver/1f42c85den.pdf?expires=1574106910&id=id&accname=guest&checksum=F54075C40855288E 3BAC59C944CCF17D].

Uma peça publicitária ostentando preço não praticado ou cujo teor de outra maneira leve a erro sobre a oferta divulgada é perniciosa e irregular qualquer que seja a forma e meio de sua divulgação; impressa, audiovisual, na agora diversificada e ampla mídia OOH (out of home), sites, redes sociais, dentre outros.

A equivalência das regras para os mais distintos meios de divulgação ficou consolidada como ponto de partida no Brasil e nos demais países. É princípio que se extrai do ordenamento jurídico, do Código Brasileiro de Autorregulamentação Publicitária (CBAP) e dos normativos de entidades internacionais (relatórios sobre publicidade Online da OCDE e nos guias das entidades transnacionais ICC e EASA[4], a seguir mencionados).

Necessário observar também que a aplicação das regras deve tomar em conta as particularidades dos formatos digitais, em especial o exame de quais são os seus operadores e a relação comercial entre autores de postagens e as empresas detentoras das marcas divulgadas.

Além dessa importante base, outro princípio consagrado na legislação ganhou força para a publicidade digital; a identificação de sua natureza comercial.

Isto porque a amplitude e diversidade de conteúdos abriu também uma gama variada de formas, modalidades de inserção e entrega dos anúncios. Com a finalidade de garantir que os consumidores compreendam o conteúdo de uma publicidade, que ela não seja falsa ou de qualquer outra forma irregular, que eles consigam distinguir dos conteúdos de outra natureza, foram estabelecidas recomendações de ênfase da sinalização de sua intenção comercial.

Neste sentido, o Código da Câmara Internacional de Comércio – ICC, documento de referência para os normativos da autorregulamentação dos diversos países, prevê, em seu artigo 7º (*in verbis*) "Anúncios devem ser claramente distinguíveis como tais. Quando aparecer em um meio que contém notícias ou matéria editorial, deve ser *prontamente reconhecível como anúncio e, quando apropriado, rotulado como tal*". (itálico acrescido).

Pelo princípio da identificação da natureza publicitária se reconhece que é preciso assegurar que o consumidor seja capaz de identificar um anúncio para, então, decidir: i) se vai com ele interagir; ii) avaliar, devidamente informado, qual o peso que dará àquele conteúdo relativo a um produto e serviço; e iii) tomar decisão, também devidamente informado, sobre a compra ou contratação divulgada. Esta é medida de conformidade ao CDC, ao CBAP, figura dentre os principais consensos mundiais sobre publicidade online, representa medida que contribui para a confiança na propaganda comercial e sinal de respeito entre as partes da comunicação.

Em especial no caso de influenciadores digitais, fazem parte do cumprimento dessa diretriz as medidas de: i) transparência no tocante à relação ensejadora de determinada divulgação, indicando a contratação ou o recebimento de brinde, vantagem, cortesia, viagem, prêmio etc.; e ii) de veracidade, ao informar experiências genuínas relativas ao endosso de determinados produtos ou serviços.

---

4. EASA BPR – DMC - Art. 2.2.1 e Art. 3 – Cobertura geral – regras abrangem todas as formas de publicidade e todas as plataformas. Disponível em: [http://www.easa-alliance.org/sites/default/files/2015__EASA_Digital_Marketing_Communications_Best_Practice_Recommendation_0.pdf].

A análise da publicidade online passa pelo exame, ainda que em linhas gerais, do sistema de controle da propaganda no Brasil, bem como o comparativo e articulação internacional, ensejando visão sobre os cuidados de cada integrante e nas diversas escalas, em ações conjuntas com objetivo comum: a segurança, qualidade e a responsabilidade no ambiente digital.

À semelhança da grande maioria de países,[5] vigora no Brasil um sistema misto de controle da publicidade: público, com base na Constituição Federal e legislação e privado, por meio da autorregulamentação.

Desse sistema decorre o imperativo de fundamento e harmonização da autorregulamentação com os princípios e valores estabelecidos na Constituição Federal e a estrutura lá consagrada, que parte do valor do pensamento e liberdade de sua exteriorização, vedando-se o controle prévio, aliado à necessária responsabilidade posterior por excessos ou distorções – delimitações que são traçadas por lei e pelos princípios fundamentais de proteção da vida e saúde, da dignidade, proteção ao consumidor e respeito ás diferenças, grupos e ao meio ambiente, valores sociais, culturais e educacionais.

A autorregulamentação estabelece uma camada complementar de proteção, promovendo a fiscalização e aplicação de todo aquele arcabouço às mensagens publicitárias. A expansão desta modalidade de controle em diversos segmentos – em particular na publicidade e atividades relacionadas às liberdades a aos espaços subjetivos individuais – é objeto de diversos documentos nacionais (como o registro no julgamento pelo STF da ADO 22/DF[6] e a Súmula 85 do CFJSTJ[7] – encorajando a criação de Conselhos de Autorregulação em diversas áreas) e internacionais (vide o discurso do Presidente em exercício da FTC no Senado Norte-Americano[8] e o documento "*Industry Self-Regulation: Role and use in supporting consumer interests*", OCDE[9]).

Dentre os diversos atributos, a especialização cognitiva, a celeridade compatível com o objeto tutelado – a publicidade e sua natureza instantânea, o aproveitamento de sistema de monitoria e prevenção, por meio dos vetores didáticos – elevaram a afinidade da autorregulamentação aos cuidados com a publicidade digital.

Tendo como base a relação de complementariedade com o controle público nos níveis nacionais, ocorre ainda o intercâmbio internacional de informações por meio da reunião dos órgãos de autorregulamentação dos diversos países primordialmente nas instâncias a seguir mencionadas.

---

5. ICC Code: [https://iccwbo.org/publication/icc-advertising-and-marketingcommunications/] 42 países;
   EASA [https://www.easa-alliance.org/members/europe] 25 países;
   ICAS: [https://icas.global/about/members/] 24 países;
   Ásia : [https://icas.global/wp-content/uploads/2011_04_Ad_SR_Asia_Australia.pdf] 10 países.
6. [http://redir.stf.jus.br/paginadorpub/paginador.jsp?docTP=TP&docID=9016175].
7. CFJ-STJ 85: "O Poder Público – inclusive o Poder Judiciário – e a sociedade civil deverão estimular a criação, no âmbito das entidades de classe, de conselhos de autorregulamentação, voltados para a solução de conflitos setoriais."
8. FTC – Federal Trade Commission: Discurso do Presidente em exercício Maureen K. Ohlhausen [https://www.ftc.gov/system/files/documents/public_statements/1271503/2017-117_dsa_posting_version.pdf].
9. [http://www.oecd.org/officialdocuments/publicdisplaydocumentpdf/?cote=DSTI/CP(2014)4/FINAL&docLanguage=En].

Nessa escala ampla, a primeira e principal referência para os códigos de autorregulamentação da publicidade dos diversos países é o Código de Ética do *Marketing* da Câmara Internacional de Comércio – ICC. Implementado em 1937 e com atualizações constantes, o referido documento oferece contribuição excepcional na parte geral e, no caso, o capítulo "c" sobre o *marketing* digital.

Nos países europeus, a autorregulamentação da publicidade está reunida em importante aliança, a *European Advertising Standards* Alliance – EASA, que além de endossar o Código do ICC, também produziu notáveis recomendações para o marketing digital, nos documentos *Best Practice Recommendation on Digital Marketing Communication*,[10] *Best Practice Recommendation on Influencer Marketing*[11] *e Best Practice Recommendation on OnLine Behavioural* Advertising.[12]

A terceira entidade internacional de referência – em ordem cronológica de criação – o *International Council for Ad Self-regulation* – ICAS[13], tendo o órgão brasileiro de autorregulamentação da publicidade – CONAR, como membro fundador e atual integrante de seu Board, reúne os órgãos de autocontrole dos diversos países do mundo (reconhecidos pela denominação *SROs – Self-Regulatory Organizations*). Além de ponto de contato entre as entidades nos principais mercados e países, o Conselho vem realizando primoroso trabalho de indexação e comparativo das medidas e cuidados adotados localmente.

As três instâncias agrupam dados sobre todas as etapas da autorregulamentação – os normativos e suas atualizações, monitoria, ações preventivas e educativas (*copy advice*, que são as orientações prévias), com acesso aos guias de aplicação das regras, em destaque os de publicidade em redes sociais[14].

Essa modalidade de circulação de anúncios em redes, por seus integrantes, ocorre em grande parte pelo depoimento de influenciadores, tidos como autores de perfis em redes sociais, os quais possuem audiência significativa e proximidade com determinados grupos e temas (esportes, maternidade, saúde, alimentação, música, beleza, moda etc.). Devem os participantes das ações publicitárias em cadeia serem responsáveis por revelar a natureza publicitária destas postagens contratadas e apresentar informação verdadeira. Neste sentido as recomendações da OCDE[15] (dentre os princípios para o comércio eletrônico): "os endossos usados no marketing devem ser verdadeiros, com informações fundamentadas (comprovadas) e refletir opinião e experiência real dos depoentes. Devem, ainda, adotar os cuidados previstos para segmentos específicos, em especial no caso de produtos com impacto junto à saúde.

No tocante a tais categorias, a publicidade de produtos com restrições de comercialização e uso precisam fazer-se acompanhar das limitações previstas, zelando pela correta divulgação ao público adequado. Neste sentido, foram estabelecidos diversos compromissos globais, com destaque para o implementado pela IARD – *International*

---

10. [https://www.easa-alliance.org/issues/digital-marketing].
11. [https://www.easa-alliance.org/products-services/publications/best-practice-guidance]
12. [https://www.easa-alliance.org/issues/oba].
13. [https://icas.global/].
14. [https://icas.global/advertising-self-regulation/influencer-guidelines/].
15. On-line Advertising – Trends, Benefits and Risks For Consumers – OECD [https://www.oecd-ilibrary.org/docserver/1f42c85d].

Alliance for Responsible Drinking[16], assinado pelos maiores Anunciantes do segmento de bebidas alcoólicas e plataformas digitais, para estabelecer mecanismos (*age-gate* etc.) para dificultar o acesso de menores às páginas e anúncios daqueles produtos. Referidos compromissos da indústria, em geral, são objeto de acompanhamento, por meio de auditoria ou monitoria externa, produzindo-se relatórios públicos.

É impositivo, ainda, mencionar duas áreas que demandam maior atenção e estão presentes em praticamente todos os artigos, estudos e guias sobre publicidade digital: a publicidade infantil e o uso de dados pessoais, a chamada *Interest Based Advertising* – IBA (também conhecida por OBA – *OnLine Behavioural Advertising*).

Discutir o ambiente digital implica em pensar nas crianças porque são notoriamente hábeis e adeptas. É fato que elas integram o ambiente de comunicação, devendo ser respeitado o balanço entre sua vulnerabilidade e autonomia, previsto no ordenamento jurídico de proteção: Constituição Federal, Estatuto da Criança e do Adolescente e na Convenção Internacional dos Direitos da Criança, ratificada e promulgada no Brasil por meio do Decreto 99.710/90.

Reconhecida a vulnerabilidade da criança, sua saúde física e psicológica deve ser protegida, com medidas a preservar e garantir o bom desenvolvimento, a igualdade de oportunidades de acesso à educação, a preparação da criança para a vida responsável e capacitação para escolhas adequadas (artigos 6°, 24 e 28 do referido Decreto).

Da mesma forma, estão previstos na Convenção os direitos de liberdade de expressão, incluindo o de receber informações corretas e adequadas para gerar melhores escolhas (assistidamente) e seu bem-estar (arts. 12, 13 e 14 do Decreto); de opinião (art. 12); e de participação no sistema de comunicação (com valores e proteção previstos no art. 17). De se notar que a organização Mundial de Saúde estabelece patamares de recomendações de limites de tempo de uso de telas conforme a faixa etária[17].

É ainda mandatório que a presença da criança no ambiente de comunicação seja acompanhada e protegida, respeitando-se as etapas de seu desenvolvimento e progressiva capacidade de reconhecer a linguagem e os símbolos, perceber e construir a compreensão do mundo à sua volta e pensar criticamente, fases que interferem na aptidão das crianças para entender e processar publicidade – conhecido como modelo de desenvolvimento conceitual ou cognitivo da alfabetização publicitária, concebido a partir de estudo seminal sobre o tema do notável pesquisador do desenvolvimento infantil Jean Piaget, mencionado em relatórios de organismos das Nações Unidas – OMS e UNICEF e apoio para a autorregulamentação da publicidade infantil nos diversos países.

Reconhecendo esses estágios e em linha com os vetores de cuidados estabelecidos internacionalmente, o Código Brasileiro de Autorregulamentação Publicitária disciplina, em seu artigo 37, uma série de regras para respeitar a capacidade cognitiva (em destaque, a necessidade do uso de linguagem clara e da identificação publicitária); a segurança e saúde (para divulgação de produtos adequados ao público, vedação de estímulo a com-

---

16. [https://www.iard.org/press/leading-beer-wine-and-spirits-producers-have-joined-forces-with-some-of-theworlds-prominent-digital-platforms-to-set-and-deliver-new-and-robust-standards-of-responsibility-for-their-wider].
17. [https://www.who.int/news-room/detail/24-04-2019-to-grow-up-healthy-children-need-to-sit-less-and-play-more]. Código Brasileiro de Autorregulamentação Publicitária disponível no endereço [www.conar.org.br].

portamentos arriscados ou excessos nocivos) e contribuir com o bom desenvolvimento da identidade e das potencialidades (protegendo valores sociais, vedando a associação do consumo ao valor pessoal, a discriminação, entre outras regras lá detalhadas).

Além das demandas de consumidores e autoridades, o cumprimento destas regras é objeto de monitoria constante e sazonalmente intensificada (Natal, dia das crianças, Páscoa etc.) no CONAR, tendo o órgão passado por treinamento internacional para aprimoramento de ferramentas e estratégia de monitoria digital.

Ainda sobre a publicidade infantil, o capítulo acerca do *marketing* digital do Código da Câmara Internacional de Comércio dispõe de seção especial com diretrizes para proteção dos menores, recomendando, em resumo: i) que produtos incompatíveis com sua condição não sejam a eles anunciados, o que pode ocorrer pelo uso de mecanismos de seletividade etária; ii) encorajando a supervisão e participação dos responsáveis e iii) prevendo as restrições ao uso de dados pessoais de crianças.

De se registrar que é indispensável a presença dos cuidados dos integrantes do sistema de comunicação publicitária digital (Anunciantes, Agências, Plataformas etc.), assim como também é impositivo destacar a existência de cadeia protetiva partindo da família, sociedade civil, mercado/órgão de autorregulamentação e autoridades públicas, sequência que pode garantir a presença amparada da criança num ambiente seguro.

A outra área que demanda imprescindível atenção e os mesmos esforços coletivos de cuidado é o tratamento de dados pessoais. Ao discutir a publicidade online, é preciso reconhecer que grande parte dos anúncios digitais são baseados nos dados dos usuários, elementos que passam a integrar a relação de comunicação, verificando quais os impactos junto à cadeia de entrega de publicidade com o advento da lei brasileira de proteção de dados (Lei 13.709/18), em vigor a partir de agosto de 2020.

A publicidade baseada em interesse (IBA/OBA) configura uma das mais importantes opções de que as empresas de tecnologia dispõem para selecionar e apresentar anúncios personalizados a cada usuário. Ao mesmo tempo, é a publicidade baseada em dados que financia cada vez mais o acesso conveniente ao conteúdo na rede, aplicativos e serviços que os consumidores usufruem e esperam sem custo para eles.

Diversas são as defesas deste modelo, em especial o fato de que os serviços e conteúdos inovadores que tornaram a Internet tão boa têm sido largamente apoiados por receitas baseadas em publicidade, com enormes benefícios para empresas e para os consumidores, independentemente de *status econômico*. Neste sentido, são relevantes as soluções que conciliem o respeito à privacidade, com o empreendedorismo, a inovação e o uso regular dos dados (em maior parte, ele beneficiaria o consumidor e a indústria), concentrando-se o combate no mau uso.

A mesma importância deve existir com as preocupações e medidas relacionadas às diversas violações e ameaças apontadas, levando em conta também as questões éticas envolvidas, em particular as distorções atribuídas à personalização das mensagens: o reforço de posições extremas, a diminuição da diversidade e tratamento privilegiado ou marginalizado conforme o perfil traçado em mapa de dados pessoais.

Dois aspectos parecem, desde logo, intransponíveis, devendo ambos serem considerados por qualquer proposta de medida consistente: a evidência das vantagens da tecnologia, considerando que a busca responsável pela identificação dos interesses, desejos e o suporte à necessidade dos consumidores pode melhorar a qualidade de vida. De outro lado fica também patente a necessidade de correção dos desvios e adoção de medidas efetivas de respeito aos direitos fundamentais dos titulares dos dados.

Na importante obra *A condição humana*[18], a autora Hannah Arendt menciona a estatística e os modelos descritivos do indivíduo, que podem indicar "o que ele é", mas não "quem ele é", deixando escapar sua unicidade e considerando a impossibilidade de solidificar em palavras a essência da pessoa viva. Portanto de se ter em mente o uso de dados como instrumento e não definitivo para tomada de decisões e para oferta publicitária.

De outro lado aponta também a autora que assim como a singularidade, é também a pluralidade constitutiva do homem, pelo fato de habitarmos o mesmo planeta na companhia de outros homens. Efetivam este aspecto as ações e o discurso, como distintivos da identidade de cada indivíduo. "Ao agir e falar os homens mostram quem são, revelam ativamente suas identidades pessoais únicas"; como um segundo nascimento, fazem seu aparecimento no mundo humano. Tomar em conta este papel da internet no discurso – cujo modelo é aberto ao usuário independente de custo graças ao financiamento publicitário – pode gerar solução construtiva para garantir o bom uso da tecnologia, coibindo violações e conciliando com o respeito aos direitos envolvidos.

A legislação adotada no Brasil (Lei 13.709/18), embora com certa diferença no comparativo internacional quanto às hipóteses previstas para a realização do tratamento dos dados, consagra diretriz que é comum aos demais regulamentos; para todos os casos previstos, vigora o princípio de informação sobre a coleta e sobre a finalidade do tratamento (artigo 6°, I e IV e art. 9).

Este princípio é considerado um passo essencial tanto para melhorar a abissal assimetria de informação como para estabelecer relação de respeito ao usuário, e vem sendo reforçado e implementado em programas de autorregulamentação do uso de dados na publicidade nos Estados Unidos, pela *Digital Advertising Alliance* – DAA[19], Europa, pela *European Digital Advertising Alliance* – EDAA[20] e pelo programa *YourAdChoices*[21] e no Canadá, pela *Digital Advertising Alliance Canadá*[22].

Nos guias criados nesses países pelo próprio setor de tecnologia e publicidade, pelas associações dos Anunciantes, Agências, pelo *Better Business Bureau* (nos Estados Unidos) e pelo IAB – *Interactive Advertising Bureau*, foi concebida solução enxuta para prover a informação ao usuário: a publicidade baseada em dados contém um pequeno ícone – pictograma que, ao ser acionado, dá acesso ao detalhamento das informações necessárias sobre a coleta e uso publicitário dos dados, habilitando o exercício de opção pelo

---
18. Arendt, Hannah. *A condição humana*. Trad. Adriano Correia. 13. ed. Ed. Forense Universitária.
19. [https://digitaladvertisingalliance.org/].
20. [https://www.edaa.eu/].
21. [https://www.youronlinechoices.eu/].
22. [https://youradchoices.ca/].

consumidor (*opt out*). Representa ferramenta específica para promover o cumprimento do direito do usuário e ao mesmo tempo gera segurança aos empreendedores digitais.

Os referidos guias são monitorados e aplicados pelos órgãos de autorregulamentação da publicidade nos diversos países, constituindo nesta área também um demonstrativo concreto de adoção de medidas para o desenvolvimento de atividades e relações éticas no ambiente digital.

Por fim, há a constatação de que a abrangência das redes estabeleceu novos atores e atividades, sendo que uma definição específica de papéis, diante da aceleração das mudanças, tende a obsolescência. Por isso o acerto da regra prevista do artigo 23 do Código da Câmara Internacional de Comércio, sobre Responsabilidade:

– informa a neutralidade e aplicação a todas as formas de comunicação de *marketing*;
– abrange como responsáveis pela publicidade no tocante ao cumprimento do Código, além de Anunciante e Agência, os outros participantes do ecossistema de marketing, incluindo influenciadores, blogueiros, vloggers, afiliados, empresas de dados e de tecnologia de anúncios, bem como aqueles que preparam algoritmos e o uso de inteligência artificial para fins de comunicação de marketing;
– menciona também os editores, proprietários de mídia, contratados ou outras partes que publicam, transmitem, entregam ou distribuem publicidade, que devem ter o devido cuidado em sua aceitação e envio ao público;
– qualquer que seja a natureza da atividade, ambiente ou tecnologia, a responsabilidade pela publicidade digital é compartilhada por todas as partes envolvidas no planejamento, criação, publicação ou transmissão de uma comunicação de marketing, proporcional ao seu respectivo papel no processo e dentro dos limites de suas respectivas funções.

Para novos ou tradicionais participantes, é fundamental o questionamento sobre o sentido dos avanços tecnológicos e aqui ao que tange a autocorreção dos problemas da publicidade digital.

No constante movimento e impermanência das formas, ficam os valores e a perspectiva ajuda a identificar os propósitos. Segue o olhar sempre visionário do meu colega de trabalho, mestre e autor comigo destas linhas. Espero seguir a lição e o exemplo.

Longe vão os dias em que os aviões da VASP levavam de São Paulo para Brasília, todos os meses, várias pessoas que integravam Comissão Especial designada pelo Sr. Presidente da República, por indicação do

Ministério da Justiça, a fim de, reunidas, elaborarem anteprojeto do Código de Defesa do Consumidor, preconizado no art. 48 do Ato das Disposições Constitucionais Transitórias, sob o seguinte comando: "art. 48. O Congresso Nacional, dentro de cento e vinte dias da promulgação da Constituição, elaborará código de defesa do consumidor". Claro que havia gente de outros Estados também (saudades da mineira Lucia Pacífico Homem, do carioca Hélio Gama por exemplo) mas a delegação paulista era destacada, Paulo Salvador Frontini à frente, Marilena Lazzarini, Marcelo Sodré, José Geraldo Brito Filomeno, Daniel Fink e mais gente boa que a combalida memória não ajuda a lembrar.

Em momentos decisivos, ainda, contou-se com o luxuoso auxílio de Ada Grinover, Antonio Herman Benjamim e Nelson Nery.

O país vivia dias trepidantes, na pós-redemocratização, partidos políticos e movimentos sociais esticando a corda até para conhecer os limites, Congresso atuando com ampla autonomia e toda uma Nação para ser reconstruída.

A modernidade de um tema como proteção e defesa do consumidor exigia, para avançar como projeto político, determinação, equilíbrio, bom senso e muita interlocução, a fim de desligar os microfones de radicais pró e contra o Código de Defesa do Consumidor.

Havia gente que pensava na lei como um meio para enfraquecer o sistema capitalista; havia outros que imaginavam uma revolução do Direito pátrio; havia os que enxergavam uma estratégia sociológica sem retorno. E a verdade é que um pouco de cada item aconteceu, mesmo, sem que o mundo se acabasse. O capitalismo evoluiu, como sempre fez quando em crise e, ao invés de se enfraquecer, se modernizou, reforçando a ideia de que sua salvação é afastar-se da selvageria; o Direito evoluiu, sim. Não há Faculdade que deixe de dedicar espaço ao Direito do Consumidor; as estruturas judiciárias se adaptaram e os Ministérios Públicos se equiparam para a demanda. A sociedade exigiu e os governos passaram a dispor de PROCONS e outras estruturas destinadas a promover o consumerismo, com uma curiosa característica: os políticos que desejaram cavalgá-lo para galgar os mais elevados postos, foram reprovados pelas urnas. Defesa do Consumidor é tão importante que não admite dono, é como o oxigênio.

Ainda há o que melhorar? Claro que sim, na mesma medida que não há obra humana que não comporte aperfeiçoamento, mas entre o que havia em 1990 e há em 2020, é nítido que registrou-se fenômeno raras vezes observado em razão de uma lei. E isso foi muito bom.

Minha colega Dra. Juliana Albuquerque começa seu texto dizendo que em 1990 implantava-se a rede de telefonia móvel e se desencadeava uma revolução equivalente à introdução da eletricidade na vida dos mortais. Todo o espaço deste artigo, que se refere à publicidade digital e seu controle é de autoria dela, autoridade na área, a nível nacional e internacional. Eu, que estou renitentemente no CONAR desde 1985 e tive a honra de representá-lo naquela Comissão Especial apenas observo o avassalador crescimento dos meios digitais, também como condutos de publicidade.

A estatística de instauração de processos éticos no CONAR registra que, a partir de 2013 até 2018 foi a seguinte evolução dos casos que envolveram a internet como mídia preferencial: 29,1%, 29,3%, 38,3%, 48%, 53,9% e 63,3%.

Essas centenas de casos foram objeto de deliberação do Conselho de Ética do CONAR com base no Código Brasileiro de Autorregulamentação Publicitária – CBAP, reforçando a ideia de que a ética da comunicação comercial é a mesma para o jornal, a revista, a rádio, a Tv e a internet. Características particulares desta última, porém, aconselham algum grau de especialização, pois estamos lidando com uma grande novidade: um instrumento que comporte e difunda, da casa do interessado, um verdadeiro comercial que pode ser assistido por milhões de pessoas; um meio que possibilite a seu usuário tornar-se jornalista, editor e Publisher ao mesmo tempo, de texto que pode ser lido por outros milhões de pessoas; uma plataforma apta a criar celebridades instantâneas (ou quase), como aqueles que elaboraram os quase comerciais e os que cometem os quase textos, em comentaristas de tudo que se pode imaginar, tendo vários deles verdadeiros fã-clubes e, em razão disso, atraindo o interesse de fornecedores de bens e serviços para receberem elogios a suas marcas.

Toda novidade envelhece, e o que se deseja é que nunca ou muito pouco prejudique enquanto o processo de amadurecimento se desenvolve.

É o que o CONAR espera que ocorra entre a evolução da publicidade e os meios digitais.

Os consumidores brasileiros estão encantados com as facilidades introduzidas pela digitalização e o crescimento do comércio eletrônico, por exemplo, dá mostras disso. Sabendo usar não há de faltar... juízo.

Vida longa para o Código de Defesa do Consumidor, que há de continuar parametrando e aperfeiçoamento as relações do consumo entre nós.

ASSOCIAÇÃO DE DEFESA DOS CONSUMIDORES E A SUBSTITUIÇÃO PROCESSUAL

Kazuo Watanabe

Professor-Doutor Sênior da Faculdade de Direito da Universidade de São Paulo.

1. Uma das transformações revolucionárias do direito processual brasileiro ocorreu com a criação do sistema de ações coletivas na *década 1.980*, inicialmente para a tutela de interesses difusos e coletivos (Lei de Ação Civil Pública – Lei n. 7.347/85) e posteriormente também para a tutela coletiva dos interesses individuais homogêneos (Código de Defesa do Consumidor (CDC) – Lei n. 8.078/90, arts. 81 a 104). Por disposição legal expressa (art. 80, CDC e art. 21, Lei n. 7.347/85), os dois estatutos legais se completam e formam o microssistema de ações coletivos do ordenamento jurídico brasileiro.

2. Em ambos os estatutos legais ficou prevista a legitimação da associação que "esteja constituída há pelo menos 1 (um) ano nos termos da lei civil" e "inclua entre suas finalidades institucionais a proteção ao patrimônio público e social, ao meio ambiente, ao consumidor, à ordem econômica à livre concorrência, aos direitos de grupos raciais, étnicos ou religiosos ou ao patrimônio artístico, estético, histórico, turístico e paisagístico" (art. 5º, Lei 7.347/85). No Código de Defesa do Consumidor, que é posterior à Constituição Federal de 1.988, a legitimação da associação foi reafirmada nos mesmos termos, mas com pequena alteração de redação. O lapso temporal de um ano de existência foi mantido, bem como a finalidade institucional de defesa dos interesses e direitos protegidos pelo CDC, mas foi acrescentado que é "dispensada a autorização assemblear". Essa última ressalva foi inscrita para deixar claro, como será analisado neste artigo, que a hipótese é de *substituição processual*, e não de *representação*, que é disciplinada no art. 5º, n. XXI, da CF, que exige a autorização expressa para representar os filiados judicial ou extrajudicialmente.

3. Recentemente, em dois julgamentos de grande repercussão, o Supremo Tribunal Federal decidiu sobre o exato alcance da norma contida no inciso XXI do art. 5º da Constituição Federal, concluindo, por maioria de votos, que o dispositivo cuida de representação processual das entidades associativas, e não de substituição processual.

A seguir, passamos a analisar esses dois julgamentos: – Acórdão do Recurso Extraordinário 612.043-PR (tema 499 da repercussão geral) e acórdão do Recurso Extraordinário 573.232/SC (tema 82 da repercussão

4. A ementa do acórdão do RE 612.043/PR ficou assim redigida:

"Execução – Ação coletiva – Rito ordinário – Associação – Beneficiários. Beneficiários do título executivo, no caso de ação proposta por associação, são aqueles que, residentes na área compreendida na jurisdição do órgão julgador, detinham, antes do ajuizamento, a condição de filiados e constaram da lista apresentada com a peça inicial"

E a tese relativa ao tema 499 da repercussão geral, aprovada nesse julgamento, recebeu a seguinte redação:

"A eficácia subjetiva da coisa julgada formada a partir de *ação coletiva, de rito ordinário*, ajuizada por associação civil na defesa de interesse dos associados, somente alcança os filiados, residentes no âmbito da jurisdição do órgão julgador, que o fossem em momento anterior ou até a data da propositura da demanda, constantes da relação jurídica juntada à inicial do processo de conhecimento" (grifo nosso).

5. A peculiaridade do caso julgado (RE 612.043/PR) é assim descrita no voto do Min. Marco Aurélio (Relator):

"Determinada Associação propôs *ação coletiva, sob o rito ordinário*, contra a União, com base no art. 5º, n. XXI, da Lei Maior. Julgada procedente a ação e transitada em julgado a sentença, foi iniciada pela Associação a fase de cumprimento da sentença. O Tribunal Regional Federal da 4ª. Região, veio a assentar, em sede de agravo, a necessidade de a peça primeira da execução vir instruída com a documentação comprobatória de filiação de associado em momento anterior ou até o dia do julgamento da ação de conhecimento, observado o disposto no artigo 2º-A, parágrafo único, da Lei n. 9.494/1997" (destaque nosso).

Esclarece que a Recorrente, associação autora da ação, na fundamentação do recurso extraordinário "assevera possuir 'legitimação extraordinária para a propositura da *ação ordinária coletiva*, atuando como *representante processual* dos servidores públicos federais a ela jungidos' e "entende impertinente o instituto da substituição processual", afirmando tratar-se de caso de "legitimação plúrima ad causam, segundo a qual a associação assume a condição de representante de um grupo 'individualizado' de associados".

Em virtude dessa fundamentação do recurso extraordinário, a própria Min. Rosa Weber, em minucioso e bem fundamentado voto, esclarecendo que "o recurso extraordinário veio por violação, nesse ponto, do art. 5º, XXI, da Constituição Federal, e nessa ótica lhe foi reconhecida repercussão geral e há de ser apreciado" e em razão disso, "fazendo as distinções entre o instituto da substituição processual e o instituto da representação processual para entender que, no inc. XXI do art. 5º da Carta Política, está em jogo a representação processual, em que há necessidade de autorização prévia". Acompanhou o voto do Min. Marco Aurélio (Relator).

No julgamento do recurso, a matéria definida como relevante foi o "momento adequado de exigir-se a comprovação de filiação daqueles representados pela Associação para fins de execução de sentença proferida em ação coletiva".

No voto do Min. Marco Aurélio é mencionado o julgamento do RE n. 573.232/SC, pelo Pleno, com o esclarecimento de que, "embora a controvérsia, na medida em que admitida a repercussão geral, estivesse limitada, naquela ocasião, à necessidade de autorização expressa dos associados, acabou-se por avançar, em decorrência da óptica veiculada, no tema em discussão neste processo. Ficou assentado, então, o entendimento segundo o qual a extensão subjetiva do título executivo formado alcança somente os associados representados no ato de formalização do processo de conhecimento, presente a autorização expressa conferida à entidade e a lista contendo o rol de nomes anexados à inicial".

6. O caso julgado, portanto, diz respeito à ação coletiva em que a associação atua na *condição de representante processual* de seus associados, denominada de *"ação coletiva, de rito ordinário"* (a ação foi proposta como "de repetição de indébito", sendo convertida posteriormente por comando judicial em "ação coletiva"), não se tratando, portanto, de *ação civil pública ou ação coletiva de tutela de interesses individuais homogêneos*, em que a associação atua na condição de *substituta processual*.

7. À atenta leitura do acórdão, com os debates ocorridos durante o julgamento e com a explicitação feita pelo Relator por ocasião do julgamento dos Embargos de Declaração, ficou bem claro que a expressão *"ação coletiva, de rito ordinário"* não diz respeito à ação coletiva do microssistema brasileiro de processos coletivos, formado pela Lei da Ação Civil Pública e pelo Código de Defesa do Consumidor.

Com efeito, o Min. Marco Aurélio (Relator) nos Embargos de Declaração, esclarecendo o alcance da tese aprovada na apreciação do tema 499 da repercussão geral, deixou bem claro que a *tese é restrita às "ações coletivas de rito ordinário"* e que, no tocante às ações civis públicas, o tema foi enfrentado no julgamento do extraordinário, quando em seu voto salientou a distinção, e para melhor esclarecimento dessa questão menciona os debates ocorridos durante o julgamento, em especial os constantes das páginas 119 a 121 do acórdão e transcreve o trecho onde constam as seguintes importantes ponderações para a perfeita compreensão da expressão "ação coletiva, de rito ordinário":

a) *"o que não julgamos foi a problemática da ação civil pública"*;

b) em resposta à ponderação do Min. Ricardo Lewandowski, de que ficaria mais confortável com a expressa alusão à não abrangência da ação coletiva, o Min. Marco Aurélio observou que a tese proposta *"é alusiva à ação coletiva de rito ordinário. A ação civil pública tem rito todo próprio"* e acrescentou: *"na tese, na própria tese, refiro-me, categoricamente, à ação coletiva de cobrança de rito ordinário"*;

c) e diante da manifestação do Min. Ricardo Lewandowski de que se dá por satisfeito se o Min. Marco Aurélio (Relator) está assegurando, na tese proposta e no voto que desenvolve, que *"o tema está circunscrito a esse processo de conhecimento de rito ordinário"*, declarou o Min. Relator, expressamente, que a tese está restrita a *"essa espécie de ação"*.

8. O ponto central do outro julgamento (Recurso Extraordinário 573.232/SC, em que se decidiu o tema 82 da repercussão geral) é a inteligência do art. 5º, n. XXI, da Constituição Federal, e a decisão se amolda perfeitamente, como anota o Min. Marco Aurélio (Relator), ao RE 612.043/PR.

O Min. Ricardo Lewandowski, Relator sorteado, esclarece que a questão que se discute no recurso diz respeito, basicamente, ao exato alcance da expressão *"quando expressamente autorizado"*, contida no texto do inciso XXI do art. 5º da Carta Política.

Após intensos debates entre seus Ministros, concluiu o Excelso Pretório, por maioria de votos, que *o texto constitucional consagra o instituto da representação processual* em relação às *associações* e que, agindo na condição de representante, é imperiosa a apresentação de *autorização expressa*, que "pode decorrer *de deliberação em assembleia*", para agir em nome de seus associados, *não bastando porém a mera previsão estatutária genérica*.

Ficaram vencidos os Ministros Ricardo Lewandowski, Joaquim Barbosa e Carmen Lúcia.

9. O Min. Marco Aurélio, Relator do acórdão, deixou claro que, na formulação de seu voto, levou em consideração a distinção entre os institutos da *representação processual e da substituição processual,* embora o caso, pelas suas peculiaridades, seja "péssimo para elucidar essa *dualidade*". Esclarece que a Associação autora ajuizou a ação de conhecimento com base no inciso XXI do art. 5º da Constituição Federal, juntando *"a relação dos que seriam beneficiários do direito questionado"* e também *"a autorização para atuar",* fixando os limites do contraditório da parte contrária. "Formado o título executivo judicial, como o foi, a partir da integração na relação processual da associação, a partir da relação apresentada por essa quanto aos beneficiários", concluiu o Relator do acórdão que *não seria possível a integração na execução de outros beneficiários.* Tendo a Associação autora juntado aos autos autorizações individuais, "viabilizou a defesa da União quanto àqueles que seriam beneficiários da parcela e limitou, até mesmo, a representação que desaguou, julgada a lide, no título executivo judicial". Entende, assim, que "na fase subsequente de realização desse título, não se pode incluir quem não autorizou inicialmente a Associação a agir e quem também não foi indicado como beneficiário, sob pena de, em relação a esses, não ser sido implementada pela Ré, a União, a defesa respectiva".

Em seu voto, o Min. Teori Zawascki ponderou: "aqui não está em questão a legitimidade de sindicato ou de associação para promover ação coletiva ou sua execução. O que se questiona é, unicamente, a legitimidade ativa de associado (e não de associação ou de sindicato) para executar em seu favor sentença de procedência resultante de ação coletiva proposta por sua Associação, mediante autorização individual e expressa de outros associados. Essa a questão".

A Min. Rosa Weber, apoiada nas ponderações do Min. Teori Zawascki, deixou expressamente observado que no caso "não cabe fazer qualquer distinção entre os institutos da representação processual e da substituição processual".

A respeito, ponderou o Min. Ricardo Lewandowski que, à época da propositura da ação, era um "momento de penumbra, um momento cinzento em que o Supremo Tribunal e a doutrina não tinham assentado" com clareza a distinção entre representação processual e substituição processual, e por isso "a associação ad cautelam apresentou algumas autorizações, mas invocou o permissivo constitucional e a sua condição de substituta processual".

Prevaleceu, entretanto, o entendimento da maioria, de tratar-se de caso de representação processual.

10. Um ponto importante deve ser sublinhado é que os acórdãos em análise, embora afirmem consagrar o inciso XXI do art. 5º da Constituição a representação processual da associação, em nenhum momento negam a possibilidade de a associação ser autorizada pelo ordenamento jurídico a agir por substituição processual,

O Min. Marco Aurélio, nada obstante afirme que a Constituição faça distinção entre *associação* e *sindicato* (art. 5º, n. XXI, e art. 8º, n. III, respectivamente, da Constituição Federal), agindo aquela *por representação* e este *por substituição processual*, esclarece que a própria Constituição, no art. 5º, inciso LXX, no que diz respeito a mandado de segurança coletivo, iguala essas instituições, permitindo que "associação legalmente constituída e em funcionamento há pelo menos um ano, em defesa dos interesses de seus membros e associados" atue em igualdade de condições com "partido político com representação no Congresso Nacional", "associação sindical" e "entidade de classe", isto é, na condição de *substituta processual*.

11. À época da promulgação da Constituição Federal, já se encontrava em vigor a Lei da Ação Civil Pública (Lei n. 7347, de 1.985), que no at. 5º, n. V, "a" e "b", consagrou a legitimação extraordinária da associação para propor ação civil pública. E um dos requisitos para essa legitimação é o de estar constituída há pelo menos 1 (um) ano nos termos da lei civil, o mesmo requisito previsto no dispositivo constitucional citado para a impetração do mandado de segurança coletivo.

À toda evidência, significa isto que a Constituição, embora tenha disciplinado no inciso XXI do art. 5º a *representação processual* da associação, não proibiu que o ordenamento jurídico pátrio consagrasse a possibilidade de a associação atuar também na condição de *substituta processual*, tanto que ela própria previu expressamente uma hipótese de substituição processual da associação (art. 5º, inciso LXX, CF). Não somente nesse dispositivo, como também no art. 129, inciso III, e § 1º, *a Carta Política de 1.988 claramente recepcionou o sistema de ação civil pública já existente à época de sua promulgação (a Lei 7.347 é de 1985), e nele já estava expressamente prevista a substituição processual da associação para a propositura da ação coletiva*, o que, posteriormente, foi reafirmado no Código de Defesa do Consumidor (Lei 8.078/90), no art. 82, n. IV.

12. A sede natural de disciplina da substituição processual é a legislação ordinária, embora a Constituição possa cuidar de disciplinar hipóteses específicas, como o fez no art. 5º, n. LXX, "b", e no art. 8º, III.

O CPC de 1973, no art. 6º, dispunha que "ninguém poderá pleitear, em nome próprio, direito alheio, salvo quando *autorizado por lei*". O novo CPC manteve a mesma disciplina, apenas substituindo a expressão "lei" por "*ordenamento jurídico*".

No microssistema de Processos Coletivos, formado pela Lei da Ação Civil Pública (Lei n. 7.347/85) e pelo Código de Defesa do Consumidor (Lei n. 8.078/90), temos normas expressas que conferem legitimidade às associações civis legalmente constituídas há pelo menos um ano e que incluam entre seus fins institucionais a defesa de interesses e direitos difusos, coletivos e individuais homogêneos, à propositura de ação coletiva. *A legitimidade é conferida a título de substituição processual*, podendo a associação, entre outras hipóteses, atuar em nome próprio em defesa de interesses individuais homogêneos de seus associados ou de toda uma categoria (cfr. art. 82, IV, do CDC e art. 5°, n. V, "a" e "b", da Lei n. 7.347/85).

13. Na ação coletiva para a tutela de interesses individuais homogêneos, o autor da ação é um ente público ou uma associação que age na condição de substituto processual, e não na de representante. A defesa é dos interesses individualmente sofridos e que guardem entre si, pela natureza de sua origem, o vínculo da homogeneidade, mas na primeira fase a ação tem por objeto a fixação da responsabilidade do réu pelos danos à causados a um grupo de vítimas, o que é feito por meio de *"condenação genérica"*, em caso de acolhimento da demanda, nos precisos termos d o art. 95 do Código de Defesa do Consumidor.

Nessa sentença condenatória genérica, não há ainda a indicação de seus beneficiários, de sorte que, embora se diga que a fase seguinte é a de liquidação de sentença, na verdade há apenas declaração do dever do réu de indenizar a vítimas do dano causado e por isso, após a sentença condenatória genérica, há um novo processo de conhecimento, em que serão determinados não apenas o *"quantum debeatur"* como também os próprios beneficiários da condenação declarada. Há apenas a definição do devedor e da natureza de sua responsabilidade quanto aos danos causados a um grupo de vítimas, cuja individuação será feita na segunda fase do processo.

Comentando o art. 95 do Código de Defesa do Consumidor, anota Ada Pellegrini Grinover que, antes das "liquidações" e das execuções individuais, "o bem jurídico ainda é tratado de forma indivisível, aplicando-se a toda a coletividade, de maneira uniforme, a sentença de procedência ou improcedência" (Código Brasileiro de Defesa do Consumidor Comentado pelos autores do anteprojeto, Gen/Forense, 12ª. ed., p. 968).

E a eficácia subjetiva da coisa julgada, nos termos do art. 103, n. III, é "erga omnes, apenas no caso de procedência do pedido, *para beneficiar todas as vítimas e seus sucessores*", todos os membros da categoria representada pelo substituto processual (associação ou outro ente legitimado).

Nessa primeira fase, portanto, não se pode falar em processo litisconsorcial, pois não há ainda a indicação dos titulares do crédito declarado na sentença. Assim, embora se afirme que se trata de tutela de interesses individuais homogêneos, a *primeira fase desse processo tem caráter nitidamente coletivo*.

Em consequência, não faz qualquer sentido a invocação da regra inscrita no art. 2°-A da Lei 9.494, de 1997 na primeira fase da ação coletiva de tutela de interesses individuais homogêneos, cujo processo não tem ainda natureza litisconsorcial. Somente passará a ser processo litisconsorcial na segunda fase, quando, após a procedência da ação, as vítimas passarem a habilitar seus créditos. Os dispositivos da Lei n. 9.494/97 têm aplicação apenas às hipóteses de *litisconsórcio facultativo* em processo de conhecimento. E não tem aplicação também ao processo de conhecimento quando de se tratar de caso de *litisconsórcio necessário*, em virtude do objeto litigioso do processo ou por disposição de lei, pois nessa hipótese a eficácia da sentença dependerá "da citação de todos que devam ser litisconsortes" (art. 114, CPC).

14. É possível que, no futuro, surjam novas discussões sobre o tema deste artigo. mas por ora, à vista dos fundamentos dos julgamentos acima mencionados e das posições

defendidas pela maioria dos membros da Suprema Corte, a nossa convicção é no sentido de que as associações poderão agir na condição de substitutas processuais. Mas para isto é necessário que a demanda tenha por objeto, efetivamente, a tutela de interesses difusos, coletivos ou individuais homogêneos. A correta redação da petição inicial, com a precisa enunciação dos elementos subjetivos e objetivos da demanda, com a precisão identificação do objeto litigioso do processo. será de importância fundamental.

EVOLUÇÃO DAS ATIVIDADES DAS ONG'S NA DEFESA DO CONSUMIDOR

Maria Inês Dolci

Especialista em direito do consumidor, com quase quatro décadas de atuação na área. Membro da comissão permanente de defesa do consumidor da OAB-SP e membro de conselhos de direção de entidades de defesa do consumidor. Colaboradora da Folha de São Paulo, onde escreve sobre temas da defesa do consumidor. Advogada e consultora jurídica.

Sumário: 1. Introdução. 2. Um pouco de história. 2.1 Lembranças do Procon-SP. 2.2 Na equipe do Idec. 2.3. Os anos da Proteste. 3. Principais desafios. 3.1 Recursos financeiros. 3.2 Formação de equipes. 3.3 Materiais e estrutura física. 3.4 Morosidade do Poder Judiciário. 3.4.1 Exemplos de descaso. 4. Homenagens. 5. Qual o futuro?

1. INTRODUÇÃO

Em 1988, o inesquecível Ayrton Senna sagrou-se, pela primeira vez, campeão mundial de automobilismo. Foi promulgada a nova Constituição Federal brasileira, em que foram fortalecidos os direitos humanos. Foi criado o Sistema Único de Saúde (SUS), o maior atendimento público e gratuito do gênero no mundo.

Ainda não havia *Internet*, Código de Defesa do Consumidor (CDC), nem o uso maciço da tecnologia no dia a dia das pessoas.

Pois foi em 1988 que entrei em contato, por opção profissional, com a luta pelos direitos do consumidor. Passei a atuar no Procon-SP (desde 1995, Fundação Procon-SP). Em 1995, migrei para uma associação privada, o Idec – Instituto Brasileiro de Defesa do Consumidor, e entre 2002 e 2017, estive na Proteste, da qual fui coordenadora institucional.

De 2017 até agora, tenho me dedicado a escrever, dar consultorias e a fazer apresentações sobre o tema. Integro a Comissão Permanente de Defesa do Consumidor da Ordem dos Advogados do Brasil (OAB São Paulo). Também faço parte da *Consumare*, uma Organização Internacional das Associações de Consumidores de países, territórios e regiões administrativas de língua oficial portuguesa ou com acordos especiais no domínio da preservação da língua portuguesa como património histórico e cultural, da qual sou vice-presidente.

Estou, portanto, na quarta década de atuação nesta área. Aproveito a oportunidade de participar desta obra para abordar o papel relevante e fundamental que as entidades públicas e privadas tiveram e têm no fortalecimento do CDC, para que suas excelentes proposições ganhassem vida para além da letra fria da lei.

Foi este trabalho de "formiguinha", de Dom Quixote contra os moinhos de vento, que deu maioridade aos direitos do consumidor, sempre ameaçados pelo poder econômico, que se consubstancia em político e jurídico, nas relações de consumo.

Lembro que os bancos, por exemplo, em dezembro de 2001 tentaram se apartar do CDC, quando a Confederação Nacional do Sistema Financeiro (Consif) ajuizou a ADIN 2591, com pedido para por fim à aplicação do Código de Defesa do Consumidor nas atividades de "*natureza bancária, financeira, de crédito e securitária*". Felizmente para o consumidor e para as instituições brasileiras, o Plenário do Supremo Tribunal Federal (STF) entendeu, em 2006, que as relações de consumo de natureza bancária ou financeira deveriam ser protegidas pelo CDC.

Foram muitas idas a Brasília para acompanhar o julgamento, até o seu final. De memória, eu me lembro de sete viagens com esta finalidade. Em várias delas, chegava à capital federal e ficava sabendo, na véspera, que o julgamento havia mudado de dia. Eu me lembro que criamos um site dentro do nosso para acompanhar as datas e as alterações dos julgamentos... Houve muito trabalho, também, de divulgação para a mídia, e junto aos consumidores, a fim de demonstrar a necessidade de se aplicar o CDC para as instituições financeiras

Se a criação do Procon-SP, em 1976, foi essencial para a proteção dos direitos do consumidor, e ganhou força e embasamento legal com a entrada em vigor do CDC, em 1991, esta vitória no STF foi uma reafirmação do que está escrito no Código.

Recordar é viver; então, selecionei algumas lembranças destes mais de 30 anos de atividade no meio consumerista. Tomei a liberdade, também, de fazer algumas reflexões e, a partir das experiências do passado e do presente, apontar algumas questões que considero críticas para que continuemos lutando pelo equilíbrio nas relações de consumo. E, "last but not least", homenageio algumas personalidades desta militância sem partido político, deste compromisso com o consumidor.

2. UM POUCO DE HISTÓRIA

Quem reclama de um produto ou serviço com defeito, atraso na entrega, cobranças indevidas no boleto, talvez não tenha plena consciência de que a defesa do consumidor, estruturada, com arcabouço legal, não é tão antiga assim.

Uma das primeiras manifestações que ganharam espaço na mídia e que impactaram as relações de consumo ocorreu nos Estados Unidos, nos anos 1960. Portanto, há pouco mais de 50 anos.

Refiro-me ao advogado Ralph Nader, que promoveu discussões sobre temas consumeristas, dentre outros ligados aos direitos civis. Ele provocou celeuma com o livro *Unsafe at Any Speed* (Inseguro a qualquer velocidade), um libelo contra a indústria automobilística.

Antes disso, John Kennedy, presidente dos Estados Unidos, proferira discurso em que salientava o direito de todo consumidor à segurança, à informação, à escolha a ser ouvido. Isso foi em 1962.

Somente em 1985 os direitos do consumidor se tornaram Diretrizes Gerais das Nações Unidas, em Assembleia Geral desta instituição, na qual se editou a Resolução nº 39/248, que consagrou a vulnerabilidade do consumidor como um princípio mundialmente aceito. No Item 2 da Resolução da ONU, está consignado que: "... cada governo deve determinar suas próprias prioridades para a proteção dos consumidores, de acordo com as circunstâncias econômicas e sociais do país e as necessidades de sua população, verificando os custos e benefícios das medidas propostas". Cinco anos depois, foi aprovado o Código de Defesa do Consumidor, que passou a vigorar em março de 1991.

O CDC chegou praticamente com a abertura econômica, a partir da qual alguns produtos fabricados em outros países começaram a ser vendidos no mercado brasileiro.

Bem, já havia Procons, CDC e mais oferta de produtos. Mas faltava algo que não se consegue da noite para o dia – obter a adesão dos cidadãos, na condição de consumidores. Sim, sem que lutassem por seus direitos, o processo seria ainda mais lento.

No próprio CDC, havia uma pedra de toque para chegar ao cidadão: a unificação de todos os órgãos federais, estaduais, do Distrito Federal, municipais e as entidades privadas de defesa do consumidor. O Sistema Nacional de Defesa do Consumidor (SNDC) criou uma estrutura forte, que somou para além de questões políticas.

Havia, portanto, toda a infraestrutura, o ambiente para lutar por estas causas. E, como veremos a seguir, as entidades têm cumprido o seu papel, apesar de dificuldades de que trataremos mais adiante, como recursos financeiros escassos. Afinal, elas não poderiam (ou não deveriam) ser bancadas por empresas, caso contrário perderiam sua independência, sem a qual penderiam para o lado mais forte da relação de consumo. Dinheiro sempre foi um problema, mas isso não as impediu de seguir em frente e de fazer o que deveria ser feito.

2.1 Lembranças do Procon-SP

Como comentei, cheguei ao Procon-SP em 1988. Advogada formada pela Faculdade de Direito da Universidade de São Paulo (USP) – também conhecida como Faculdade do Largo São Francisco – iniciara minha vida profissional em 1978, em uma multinacional.

Aliás, conto minha experiência em defesa do consumidor a partir dali, por uma razão muito simples: conheci, *in loco*, o padrão de atendimento de uma companhia internacional. Obviamente, estas grandes companhias transnacionais não elevam o nível da qualidade por bondade, mas sim por questões de mercado, a partir das exigências dos consumidores em seus países de origem.

Fiquei até 1987, e em 1988 juntei-me ao Procon – Grupo Executivo de Proteção ao Consumidor. A primeira constatação foi chocante. Teria muito menos ferramentas e espaço de trabalho.

No Procon, enfrentamos planos governamentais, edições periódicas, às vezes diárias e até semanais, de condutas a ser seguidas. Os famosos pacotes econômicos que tentavam frear uma inflação sempre muito alta. Em 1989, por exemplo, o custo de vida bateu em 1.764%, percentual que um jovem nascido depois daquele ano nem consegue imaginar.

Tínhamos que traduzir as medidas dos pacotes econômicos para o dia a dia do consumidor.

Agilidade e excelência no trabalho sempre foi o lema. A vinda do Ministério Público, com o Dr. José Geraldo Brito Filomeno, para dentro do Procon nos fortaleceu. O apoio à defesa do consumidor começava a tomar forma. Chamava atenção a união de forças que começou a se delinear para alcançar o objetivo da proteção do consumidor.

Mas havia muito mais em jogo. Era um órgão público, então ocorriam muitas danças de cadeiras. Muitos cargos nas entidades públicas são de confiança e, por vezes, até se submetem a vontades políticas que tornam as ações mais lentas, impactando as fiscalizações e as punições mais severas, como as multas.

O Procon-SP, contudo, não se deixou levar por estas pressões. E, justiça seja feita, teve um bom espaço político para atuar. O que foi vital para o sucesso do CDC, porque as entidades civis têm (ou deveriam ter) independência do poder político-partidário, mas não a legitimidade administrativa de autuar e de multar que os Procons têm.

E foi no Procon que começamos a detectar os contratos de adesão dos planos de saúde privados, com letras miúdas, de difícil entendimento para o consumidor usufruir dos direitos contratados. Havia necessidade de mudanças contratuais com urgência. Encaminhamos todos os casos analisados e seus contratos ao Ministério Público.

Lembro-me, por exemplo, das agências de empregadas domésticas que mandavam as suas melhores profissionais para os consumidores. Mas, que depois as trocavam por profissionais menos qualificadas; as desentupidoras, que cobravam caro, parcelavam a cobrança por meio de vários cheques, sem indicar a correta metragem de um desentupimento; as vendas de lotes habitacionais, sem infraestrutura, que o consumidor, desavisado, adquiria, percebia o erro, mas tinha de continuar pagando ou perderia o sinal e os pagamentos já efetuados.

Os contratos eram leoninos! Tínhamos audiências coletivas com várias empresas, com o mesmo objeto de reclamação. Horas e horas para acertar um acordo entre as partes e, logicamente, algumas partes se exaltavam, mas o sucesso vencia as dificuldades. As empresas começavam a mudar as suas condutas e políticas.

Foi muito bom ver a defesa do consumidor em uma entidade pública que muito contribuiu para a evolução desta luta. Ali tivemos uma verdadeira escola, com aprendizado que nos acompanha até hoje. Decorridos sete anos, entretanto, era a hora de ter outra experiência e, ao mesmo tempo, de continuar na trincheira do consumidor.

2.2 Na equipe do IDEC

Fundado em 1987, o Idec teve, como primeira sede, uma sala cedida pela Universidade de Campinas (Unicamp), na cidade de São Paulo. Seu primeiro grande desafio foi a correção das cadernetas de poupanças impactadas pelo chamado Plano Bresser, um dos muitos pacotes que tentaram, mas não lograram êxito, na redução da hiperinflação.

Na minha avaliação, o Idec sempre teve um perfil mais político do que a Proteste, da qual trataremos em outro tópico. Mas o foco, no caso das duas principais entidades privadas, sempre foi a defesa dos direitos do consumidor.

Fui para o Idec em 1995, já em plena vigência do CDC. O Brasil havia conseguido vencer a hiperinflação com o Plano Real, lançado em fevereiro de 1994. Na eleição presidencial seguinte, foi relativamente fácil para Fernando Henrique Cardoso se eleger em função do sucesso do combate à inflação, sem tabelamento de preços.

Por outro lado, iniciava-se um amplo processo de privatizações em áreas antes monopolizadas pelo Estado – como energia elétrica e telecomunicações. A Agência Nacional de Energia Elétrica (Aneel) foi criada em 1996, e a de Telecomunicações (Anatel), em 1997.

A Agência Nacional de Saúde Suplementar (ANS) é do ano 2000, após a regulamentação dos planos de saúde pela Lei nº 9656, de 1988.

No caso do sistema financeiro, o Banco Central, criado no final de 1964, como autarquia para gerir a política econômica do país, funciona também como agência reguladora das empresas financeiras. A área de seguros, contudo, fica a cargo da Superintendência de Seguros Privados (Susep).

Até hoje, parte expressiva das demandas dos consumidores se concentra nas telecomunicações. O Idec sempre deu atenção especial, também, ao mercado de planos de saúde.

Lembro-me bem da primeira grande análise de contratos. Eram mais de 30 empresas e perto de 130 contratos segmentados, em 1996. Planos assimétricos, com segmentação assistencial; limites de internação e de procedimentos; rescisões unilaterais; "módulos" opcionais (oncologia, diálise, cardiologia etc.); falhas na cobertura e exclusão de procedimentos; cobranças ou coberturas irregulares para portadores de doenças preexistentes; contratos com validade menor do que os procedimentos/carências; 12/24 meses; erros nas condições de validade e de rescisão contrato.

Mas o que mais chamava atenção eram os reajustes elevados, com vários índices de correção, no mesmo contrato!!! Um verdadeiro campo minado para o consumidor. Abraçamos esta causa e tivemos parceiros de porte na área médica. Juntos, tornamo-nos fortes para enfrentar as mudanças, que culminaram na Lei nº 9656/98, conhecida como Lei dos Planos de Saúde. Nesse período, as agências reguladoras começaram a ser constituídas. Um projeto do BID nos ajudou a entender melhor o que estava por vir nas privatizações de segmentos essenciais, como telefonia, energia elétrica e água. Foi um desafio gigantesco, mas envolvente. A questão associativa era uma preocupação constante.

2.3 Os anos da Proteste

Seria um trabalho interessante e combativo, por isso aceitei o convite para integrar o time de uma nova entidade, a Proteste – Associação Brasileira de Defesa do Consumidor, que se destacava por seus testes comparativos de produtos e serviços. Também tinha um forte foco associativo, além de parceria com grandes associações europeias, como Deco Proteste (Portugal), OCU (Espanha), Altroconsumo (Itália) e Test Achats (Bélgica).

A Proteste se firmou com seus testes, além da orientação e mediação dos conflitos de consumo para os seus associados. Chegou a ter mais de 200 mil associados! Como coordenadora institucional, tive a oportunidade de levar adiante campanhas e ações civis públicas.

Trabalhamos em favor do Custo Efetivo Total (CET) – a obrigatoriedade de bancos e lojas informarem, com absoluta transparência, todos os encargos, taxas e contrapartidas do crédito –, que passou a vigorar em dezembro de 2007, depois de quase sete anos de luta, demonstrando a falta de transparência na aquisição do financiamento.

Em 2009, foi detectada a presença de benzeno, substância cancerígena, em refrigerantes de baixas calorias e dietéticos cítricos. Foi fechado, então, Termo de Ajustamento de Conduta (TAC) que limitou a quantidade a cinco microgramas por litro. O TAC decorreu diretamente dos resultados do teste e da ação do Ministério Público Federal em Minas Gerais.

Houve especial atuação em relação à segurança automotiva. Orgulho-me do que obtivemos. Por meio de testes, seminários, palestras, cartilhas e de outras ações, cobramos segurança veicular nos carros brasileiros equivalente aos que rodavam nos países de origem das montadoras.

A partir de janeiro de 2014, uma grande vitória: os carros passaram a sair de fábrica com freios ABS e airbag duplo frontal. Desde 2018, automóveis e caminhões zero quilômetro têm cintos de segurança de três pontos, apoio individual de cabeça e sistema de fixação para cadeirinhas infantis. Foi criado o *Latin NCAP, programa* com sede em Montevidéu, Uruguai, para avaliação de carros novos na América Latina.

Não há como mensurar quantas vidas foram salvas, e quantos ferimentos devido a colisões foram evitados ou amenizados.

Não posso deixar, também, de comentar sobre a retirada do álcool líquido do mercado, o de 92.8 INMP, até então vendido livremente no mercado e causador de queimaduras terríveis. Foram 10 anos de muita energia com parceiros da área médica nessa luta, de enfrentamento com esta área produtiva, que não aceitava reduzir a embalagem e dar informação sobre a periculosidade do produto, da forma como era utilizado.

Outra observação relevante é em relação a acidentes de consumo. As crianças brasileiras de até cinco anos eram as maiores vítimas de acidentes de consumo com produtos. Os medicamentos constituíam a principal causa desses acidentes, seguidos por produtos de limpeza.

Na área de serviços, os meios de transporte foram os maiores causadores de acidentes. Estas foram algumas das conclusões da pesquisa realizada em parceria com a Associação Médica Brasileira (AMB), nos três maiores hospitais da América Latina na cidade de São Paulo, e no Centro de Controle de Intoxicações da Prefeitura de São Paulo. Daí para frente, muita coisa mudou. Foi criado um Sistema Interamericano de Alertas Rápidos (SIAR), o primeiro do gênero na região das Américas para identificação, monitoramento e troca de informações acerca de produtos inseguros, com a participação de países membros da Organização dos Estados Americanos (OEA).

Cabe ressaltar, também, a educação para o consumo, da qual muito se fala e pouco se faz, embora saibamos ser cada vez mais urgente. Afinal, há que educar o consumidor brasileiro desde pequeno para que saiba, no mínimo, quando tentam enganá-lo. Com foco na informação e na educação para o consumo, produzimos e divulgamos para os meios de comunicação mais de 40 cartilhas temáticas, sempre sob a óptica do consumidor.

Tratamos de inúmeros assuntos: crédito, Copa de 2014, sustentabilidade, cadeirinhas de bebê, direitos das crianças e dos idosos, alimentos, comércio eletrônico, segurança veicular, acidentes de consumo, acidentes domésticos, pegadinhas de consumo, água, alergias, casa própria, telefonia, orçamento doméstico etc.

Avançamos em temas que, até hoje, ainda merecem mais atenção, como vida colaborativa.

Ter participado ativamente de tantas vitórias, mudanças de hábito, ações judiciais e movimentos de defesa do consumidor, fizeram valer cada ano entre 2001 e 2017. As entidades, evidentemente, mudam ao longo do tempo. Mas o mais importante é o que fizemos no tempo em que estivemos lá, trabalhando pelo consumidor. Isso nunca se perde. E ganha a sociedade brasileira.

3. PRINCIPAIS DESAFIOS

3.1 Recursos financeiros

Como financiar atividades de defesa do consumidor? Não há uma resposta, e sim várias, combinadas. Ter uma grande base de associados seria um excelente caminho, como tentaram a Proteste e o Idec. Fazer parcerias com instituições internacionais, *idem*. Ter projetos, como os que o Idec desenvolveu com vários organismos internacionais e nacionais, também – por exemplo, com o Banco Interamericano de Desenvolvimento (BID), Ford Foundation, Oxfam, Open Society.

No caso do Procon, que é público, os recursos vêm dos tributos que todos pagam. Aliás, um raro caso de bom uso do que se arrecada dos contribuintes, além das multas aplicadas aos fornecedores. Já as entidades privadas têm de correr, literalmente, atrás de dinheiro, pois os custos são muito elevados. E há um limite ético para parcerias com companhias privadas.

E quanto aos associados? Portugal tem cerca de 10 milhões de habitantes. A Deco Proteste tem mais de 400 mil associados, algo como 4% da população. Para que se entenda a força da entidade, no Brasil, considerando a população de 210 milhões de habitantes, seria como ter 8,4 milhões de sócios. Obviamente, os cenários são diferentes. O Brasil é o quinto país com maior concentração de renda do mundo. Há milhões de pessoas fora do mercado de consumo, que mal conseguem sobreviver.

Mas não seria um absurdo ter um milhão de sócios. Se contribuíssem com 10 reais por mês, a entidade arrecadaria 120 milhões de reais por ano. Seria uma potência, com muito mais condições de fazer valer o CDC, aperfeiçoando as relações de consumo. E isso, pelo preço de três cafezinhos.

3.2 Formação de equipes

A escassez de recursos financeiros dificulta a obtenção e a manutenção de quadros profissionais especializados. Entidades que defendem os consumidores precisam de advogados, cientistas sociais, estatísticos, nutricionistas, técnicos de diversos ramos do conhecimento, jornalistas, especialistas em tecnologia da informação, administradores e atendentes altamente qualificados.

Muitos ingressam nestas instituições como estagiários, ganham experiência e saem. Nas empresas e bancos, os salários são muito maiores. O custo de vida nas maiores metrópoles é muito alto, e quem tem família é obrigado a pagar impostos e a contratar planos de saúde, escola particular para os filhos etc. Como resistir a ofertas para ganhar bem mais?

É claro que estes profissionais gostam do que fazem, principalmente quando há vitórias em prol do consumidor. Mas chega uma hora em que têm de pensar neles mesmos e em suas famílias. Aí, as associações privadas perdem o conhecimento e a experiência que adquiriram. E neste rodízio de pessoal, há, sim, perda de eficiência, quando não a interrupção de importantes ações.

3.3 Materiais e estrutura física

Tentem fazer alguma coisa relevante sem logística, estrutura, material e recursos tecnológicos. Fica bem mais difícil. Refiro-me a espaço físico, móveis, equipamentos de TI, veículos ou uso de aplicativos, insumos para comunicação, viagens, pesquisas, testes de laboratório, compra de produtos para testes comparativos.

Recorre-se, então, a parcerias, criatividade e a toda a sorte de medidas que representem menos custo e mais resultado. Mas ações judiciais, por exemplo, são caríssimas. E não há como deixar de movê-las, em algumas situações, quando se verifica flagrante ameaça aos direitos de milhões de pessoas.

E o dinheiro utilizado tem de ser considerado "a fundo perdido", pois não há garantia de vitória. Por mais que a ação seja bem alinhavada juridicamente, impetrada por bons advogados, dependerá da visão de juízes, muitas vezes em várias instâncias.

Grandes companhias têm um esquadrão de advogados e escritórios qualificados para enfrentar maratonas judiciais. Faz parte do negócio. Em muitos casos, vira uma luta entre o mar e o rochedo, situação em que quem sofre é o marisco, ou seja, o lado mais fraco.

3.4 Morosidade do Poder Judiciário

Dificilmente um caso é julgado de imediato. Além disso, ainda há muitas decisões favoráveis ao poder econômico, até porque tem mais estrutura e condições financeiras para defender seus pontos de vista.

Multas são aplicadas, mas as empresas recorrem e não pagam. O crime, então, meio que compensa, pois não gera prejuízo no balanço. Há muita burocracia, desconhecimento sobre o CDC (por incrível que pareça, embora o código tenha quase 30 anos).

Sem contar que há leis conflitantes entre si, interpretação das normas e argumentos sempre considerados de "danos à economia, que podem provocar desemprego e queda dos negócios".

Muitos produtos que provocam sérios riscos à segurança e à saúde continuam sendo vendidos. Além disso, as agências reguladoras parecem existir apenas para tratar dos interesses das empresas, e não para regular o mercado.

Deixam de exigir das empresas as melhorias tecnológicas que tornariam possíveis a garantia de qualidade e a modicidade tarifária, dentre outros preceitos importantes para a execução da sua missão.

Resumindo, as causas são boas, mas nem sempre conseguimos defendê-las com os melhores meios disponíveis. E enfrentamos companhias e grupos que têm recursos para se defender com a excelência do direito. Com um milhão de associados, além de dinheiro, teríamos peso político para ir em frente.

3.4.1 Exemplos de descaso

- Telefonia fixa – anos e anos para alterar o sistema de pulso para minuto (consumidores pagaram no escuro);
- Sete anos para vigorar o Custo Efetivo Total (CET);
- A maior parte dos proprietários não atende aos *recalls* de carros;
- Planos de Saúde – agora que restam poucos, vão facilitar para as operadoras e dificultar para os consumidores;
- Bancos – tentaram ficar fora da abrangência do CDC;
- Cartões de Crédito (cobram juros de agiota no rotativo);
- 10 anos para retirar o álcool líquido do mercado (98,2 INMP, altamente inflamável);
- Crédito fácil – o endividamento das famílias tem crescido. Em outubro de 2019, quase 25% das famílias tinham contas ou dívidas em atraso;
- A propósito, não há justificativa para ainda não ser lei a revisão do CDC, feita por uma comissão de juristas, liderada pelo Dr. Herman Benjamin. Três projetos para atualizar o CDC – comércio eletrônico, superendividamento e ações coletivas – foram lidos no plenário do Senado Federal em agosto de 2012!!!
- O PLS 283/2012, por exemplo, regulamentava o crédito ao consumidor e prevenia o superendividamento. Mas não rolou, como dizem os mais jovens!

4. HOMENAGENS

Só estamos falando de tudo isto porque notáveis talentos dedicaram parte de seu tempo e conhecimento para o aperfeiçoamento das relações de consumo. São muitas pessoas, felizmente, mas vou citar algumas, com as quais tive a felicidade de trabalhar, interagir, atuar conjuntamente. Nessa trajetória, tenho reencontrado muitas delas e costumo dizer que "A vida é a arte do encontro, embora haja tanto desencontro pela vida (Vinícius de Moraes – Samba da bênção). Elas estão na ativa e têm me ajudado frequentemente com seus esclarecimentos, conselhos, advertências e experiências.

Doutor José Geraldo Brito Filomeno: um dos expoentes desta luta. Um mestre: advogado, consultor jurídico, professor especialista por notório saber pela Faculdade de Direito da USP em Direito do Consumidor, além de membro da Academia Paulista de Direito. Foi Procurador-Geral de Justiça e o primeiro Promotor de Justiça do país a desempenhar as funções de Curadoria de Proteção ao Consumidor. Implementou as

Promotorias de Justiça do Consumidor do Estado de São Paulo, e o Centro de Apoio Operacional (Cenacon), que coordenou por 13 anos. Integrou o Conselho Nacional de Defesa do Consumidor (1985-89). Foi vice-presidente e relator dos trabalhos de sua Comissão Especial que elaborou o anteprojeto do vigente Código de Defesa do Consumidor. É autor de obras como o Manual de Direitos do Consumidor.

Dr. Luiz Antônio Rizzatto Nunes: jurista, professor universitário e escritor. Foi desembargador do Tribunal de Justiça do Estado de São Paulo. Advogado, é mestre e doutor em filosofia do direito e livre-docente em direito do consumidor. Acadêmico fundador e membro da Academia Paulista de Magistrados. Autor de livros como Curso de Direito do Consumidor e o Código de Defesa do Consumidor e sua Interpretação Jurisprudencial.

Maria Inês Fornazaro: socióloga, começou a atuar em defesa do consumidor em 1973, na loja de departamentos Sears. Foi diretora do Procon-SP, no qual trabalhou de 1978 a 2002, e uma das fundadoras, em 1995, da Associação Brasileira de Ouvidores/ Ombudsman (ABO Nacional). Em 2016, foi nomeada ouvidora-geral de São Paulo. Atualmente, é presidente da ABO Nacional. Sob o seu comando, o Procon-SP se desenvolveu e ganhou importante protagonismo na defesa dos direitos do consumidor.

5. QUAL O FUTURO?

Projetar o futuro da defesa dos direitos do consumidor não é fácil. Sim, é um exercício de futurologia, até porque não sabemos exatamente o que os avanços tecnológicos, da medicina, dos produtos e dos serviços nos reservam nos próximos anos. Mas cabe-nos tentar, até em função do que vivenciamos até hoje nesta área.

O magnífico historiador Yuval Noah Harari, israelense, autor das obras Sapiens – Uma breve história da humanidade; Homo Deus: uma breve história do amanhã, e 21 lições para o século 21, tem tentado iluminar e projetar o que virá por aí.

Ele esteve no Brasil e concedeu entrevista no programa Roda Viva, da TV Cultura, em São Paulo, em novembro de 2019. Uma das grandes preocupações deste historiador é com o uso que as empresas e governos farão dos algoritmos e da inteligência artificial. Tem que possam detectar, por exemplo, inimigos de governos autoritários pela simples captação dos movimentos da íris frente a um vídeo no computador.

Quem já não passou pela incômoda situação de procurar um produto ou serviço, em *sites* de busca, e minutos depois, ao abrir uma rede social, se deparar com várias ofertas para aquele item desejado? Nossos dados já são armazenados, mapeados, analisados e cruzados a fim de detectar nossos interesses, para nos ofertar produtos quase sob medida.

Temo que um dos grandes embates entre consumidores e empresas ocorra justamente na questão na monitoração de suas preferências por meio de seus dados e até da captação de seus pensamentos. Se tal temor parece absurdo, lembro que Stephen Hawking, um dos maiores cientistas de todos os tempos, falecido em 2018, operava um computador e sintetizava sua voz por meio de um leve movimento da bochecha! Devido à esclerose lateral amiotrófica, foi perdendo o controle dos músculos. Uma pneumonia grave e uma consequente traqueostomia o fizeram perder a voz.

Computadores que 'leem' pensamentos permitem que portadores de graves paralisias se comuniquem. O que impede que dispositivos 'leiam' nossos pensamentos por meio do movimento dos olhos, da variação de temperatura corporal e de outros sinais do organismo?

De posse dessas informações, empresas terão muito mais facilidade para antecipar nossos desejos e nos guiar às compras. Penso, porém, que a tecnologia irá muito mais adiante. Talvez sejamos levados a consumir em realidades virtuais (como já ocorre em alguns games), em uma intensidade muito maior, o que abre novas questões sobre ética, relacionamento humano, endividamento e controle de dados.

Em resumo, a defesa do consumidor terá também de ser virtual, de dominar os algoritmos e a inteligência artificial. Caso contrário, ficaremos a descoberto em ambientes digitais.

Como somos um dos países com maior concentração de renda, continuaremos, por muitos anos, a enfrentar problemas derivados deste atraso: superendividamento, golpes no comércio digital, cobranças indevidas nos boletos etc.

Drones entregarão todas as encomendas? Provavelmente, a maioria delas. Os dados serão mais protegidos? Bem, a Lei Geral de Proteção de Dados Pessoais (LGPD) é um avanço, bem como o Marco Civil da Internet. Mas leis aumentam a proteção do cidadão quando são efetivamente fiscalizadas, e quando são aplicadas as punições previstas para os que as infringem.

Imagino que as associações privadas de defesa do consumidor conseguirão, ao longo do tempo, atrair associados para bancar suas atividades. À medida que o tempo passa, cresce a conscientização das pessoas, fortalecida pelo advento das redes sociais.

Mas, se aqueles que acessam as redes – a maioria de nós – julgarem que basta postar críticas às empresas que, presumivelmente, desrespeitaram seus direitos, as instituições continuarão com dificuldades financeiras.

No futuro breve, as associações terão de contar com advogados polivalentes, que conheçam a fundo os negócios virtuais. Também terão de recorrer a especialistas em biotecnologia, inteligência artificial, robótica e veículos autômatos. Terão de reforçar, além disso, suas equipes com consultores financeiros.

A melhor saída para arcar com todos estes custos seria a partilha destes profissionais por entidades como Proteste e Idec, ou as que existirem no futuro. Afinal, o objetivo das associações e institutos é praticamente igual, com nuances políticas diversas. Por que não agir conjuntamente quando os problemas e as prováveis soluções forem os mesmos?

Ah, mas em mundo mais evoluído, tecnológica e socialmente, não haverá tantos conflitos nas relações de consumo, alguns podem pensar. Haverá, sim. A não ser que o ser humano modifique exponencialmente suas atitudes quando estiverem em jogo lucro, conquista de mercado e práticas comerciais.

Na melhor das hipóteses, haverá novos dilemas a enfrentar. Sem ser pessimista – e não sou! –, não consigo divisar negócios sem determinado grau de estresse, devido a interesses contrários. Em resumo, a defesa dos direitos do consumidor não sumirá nas brumas da alta tecnologia, dos algoritmos, da inteligência artificial e do que for inventado pelos gênios das próximas décadas. De alguma forma, teremos de comprar produtos e serviços, mesmo que utilizando um chip localizado no cérebro, e algum fornecedor terá de vendê-los, entrega-los, garantir seu funcionamento etc.

    O CDC dará conta do recado? Deu até agora, muito além de nossas melhores expectativas. Abriu o caminho para que as ONGs fizessem seu trabalho direitinho, da mesma forma que os Procons – enfim, todo o Sistema Nacional de Defesa do Consumidor. Nesse aspecto, sou otimista. Continuamos evoluindo, logo encontraremos novas respostas para novos problemas, como preconizava "insanidade é continuar fazendo sempre a mesma coisa e esperar resultados diferentes".

O SISTEMA NACIONAL DE DEFESA DO CONSUMIDOR: REFLEXÕES NOS 30 ANOS DO CÓDIGO DE DEFESA DO CONSUMIDOR

Ricardo Morishita Wada

Doutor em Direito PUC/SP.

Sumário: 1. Introdução. 2. A estrutura única do Sistema Nacional de Defesa do Consumidor. 3. Há uma definição do que é o Sistema Nacional de Defesa do Consumidor? 4. As atribuições do Sistema Nacional de Defesa do Consumidor. 5. Os atores institucionais do Sistema Nacional de Defesa do Consumidor. 6. A legitimidade dos Procons. 7. Os órgãos federais e estaduais. 8. A participação do Ministério Público no SNDC. 9. A Defensoria Pública no Sistema. 10. Os órgãos reguladores e fiscalizadores. 11. Os atores privados do Sistema Nacional de Defesa do Consumidor. 12. A efetividade e os desafios do Sistema Nacional de Defesa do Consumidor.

1. INTRODUÇÃO

No marco dos 30 anos do Código de Defesa do Consumidor há inúmeras reflexões necessárias, pois trata-se de um notável avanço na construção e implementação de direitos para toda a sociedade brasileira.

Dentre as possíveis reflexões, elegemos aquela que está no centro político-administrativo da tutela dos direitos e interesses dos consumidores: o Sistema Nacional de Defesa do Consumidor.

2. A ESTRUTURA ÚNICA DO SISTEMA NACIONAL DE DEFESA DO CONSUMIDOR

Com uma estruturação única nos sistemas federativos, que possuem órgãos de proteção ao consumidor, o Sistema Nacional de Defesa do Consumidor (SNDC) é integrado pelos órgãos federais, estaduais, do Distrito Federal, dos municípios e das entidades privadas de defesa do consumidor.

3. HÁ UMA DEFINIÇÃO DO QUE É O SISTEMA NACIONAL DE DEFESA DO CONSUMIDOR?

É notório que o legislador de defesa do consumidor optou por não apresentar uma definição do que seja Sistema Nacional de Defesa do Consumidor ou, simplesmente, "Sistema". Ele apenas declarou sua composição, consoante o regime constitucional previsto no art. 24, V da Carta da República.

A ausência de definição do que se entende por Sistema, em parte, pode ser compreendida como resultado do desafio de definir seus objetivos, funções e instrumentos em um regime descentralizado, com competências concorrentes entre os entes federados. Seria inadequado, senão ofensivo ao regime constitucional federativo, intervir na esfera de competência dos estados, municípios e do Distrito Federal para definir as atribuições de seus respectivos órgãos.

De outra parte, acreditamos que a indefinição também atende ao propósito de permitir, em uma perspectiva pós positivista, uma concretização da norma pelos principais atores políticos que compõem o Sistema. Assim, o Sistema deveria ser definido pelos seus principais atores institucionais, nos limites estabelecidos pelo próprio Código de Defesa do Consumidor e pela Constituição da República.

4. AS ATRIBUIÇÕES DO SISTEMA NACIONAL DE DEFESA DO CONSUMIDOR

A concretização da norma que estrutura o funcionamento político-administrativo da proteção ao consumidor é um importante desafio, pois expressará o grau de maturidade política dos órgãos que compõem o Sistema.

A estrutura normativa é aberta, permitindo, assim, que sejam construídas as articulações e atividades do Sistema em várias direções e camadas, porém, possui um limite estabelecido pelo próprio texto legislativo.

É importante notar que, embora não exista uma definição do que seja o Sistema, estabeleceu-se de forma expressa as atribuições daquele que seria o seu coordenador no âmbito federal, como se pode observar no art. 106 do Código de Defesa do Consumidor, que prevê que o Departamento Nacional de Defesa do Consumidor ou órgão federal que venha a substituí-lo é o organismo de coordenação política do Sistema e cabe a ele planejar, elaborar, propor, coordenar e executar a política nacional de defesa do consumidor.

Planejamento, elaboração, propositura, coordenação e execução são comandos normativos que comportam ações isoladas, autônomas e próprias de cada órgão. Entretanto, parece razoável afirmar que tais atividades só fariam sentido se realizadas no âmbito do Sistema Nacional de Defesa do Consumidor.

O planejamento isolado, sem a participação dos estados, municípios e do Distrito Federal, além das entidades privadas de defesa do consumidor, pareceria possível, porém inadequado. O mesmo se pode dizer dos demais comandos normativos – elaboração, proposição, coordenação e execução – previstos no texto de proteção ao consumidor.

Planejar de forma integrada expressa uma unidade nacional, e não apenas federal; compreende um compartilhamento de necessidades e prioridades que permitem um pacto nacional diante das necessidades dos consumidores em todo país. Permite exercitar a visão nacional – desde a perspectiva no órgão coordenador até os problemas regionais e locais, que nem sempre chegam com a mesma intensidade e força ao centro político-administrativo federal.

O exercício conjunto do Sistema expressa um compromisso de solidariedade, um sentido de nação que permite somar forças, recursos e conhecimento para estabelecer, ao longo do ano, as prioridades, a forma de implementá-las e uma avaliação corajosa dos seus resultados.

Deste modo, as atividades de elaboração, proposição, coordenação e execução assumem, diante do Sistema Nacional, uma outra dimensão, que vai além da centralização de medidas ou atividades apenas no âmbito federal. Especialmente na parte de execução é que o Sistema pode expressar sua força, capaz de transformar a cultura ou a condição de mercado para proteger os consumidores. A ação integrada dos estados, e destes diante de seus municípios e do Distrito Federal permite potencializar cada medida estabelecida. A força do diálogo institucional com representantes de outros poderes da República e com o próprio mercado é fortalecida e permite alcançar consensos de qualidade e com segurança jurídica.

É inevitável, entretanto, o confronto de ideias, posições e entendimentos. É parte indissociável do processo político. Não seria diferente no âmbito da defesa do consumidor. Para tanto, a solução preconizada pelo legislador, no mesmo sentido que em outros países, foi estabelecer uma arquitetura que privilegiasse a existência de um espaço para o diálogo, para a composição das forças e ideias e que permita, ao fim, o avanço das políticas de proteção ao consumidor, com resultados diretos e imediatos para toda a sociedade. O caminho inverso seria representado pela fragmentação, isolamento e perda de efetividade da política de proteção aos consumidores.

5. OS ATORES INSTITUCIONAIS DO SISTEMA NACIONAL DE DEFESA DO CONSUMIDOR

O Código de Defesa do Consumidor foi editado com o apoio dos órgãos de defesa do consumidor existentes. Os Procons já existiam quando o Código de Defesa do Consumidor foi elaborado, debatido e aprovado no Congresso Nacional. Aliás, é importante registrar que, sem o protagonismo dos Procons, de outras instituições e de inúmeros importantes atores, como o Professor José Geraldo Brito Filomeno, homenageado nesta obra, não teria sido possível a sua elaboração e aprovação.

O fato de existirem Procons, como no caso do Procon São Paulo, antes mesmo do Código de Defesa do Consumidor, demarcou a importância da descentralização da proteção do consumidor. Naquela época, além dos Procons, a outra estrutura existente para intervenção no domínio econômico era representada pela Superintendência de Abastecimento e Preços, a SUNAB, estrutura centralizada, vinculada ao Ministério da Fazenda, com representações – delegacias, em todos os estados da federação.

6. A LEGITIMIDADE DOS PROCONS

O contato direto com a população é fonte estratégica em todo o Sistema de proteção do consumidor. Se parece muito difícil e pouco provável que o órgão federal possa realizar o atendimento aos consumidores, a exemplo do que ocorreu com a extinta SUNAB, para os Procons, tanto estaduais como municipais, trata-se de um caminho natural.

O contato direto com os consumidores, recebendo suas reclamações, demanda um esforço imenso dos Procons. Mesmo com sistemas informatizados e digitais, o contato pessoal é imensamente farto de valiosas informações. Permite ao órgão conhecer a urgência, impacto e densidade do conflito de consumo. Sem tais informações não é possível, nem desejável, elaborar, coordenar ou executar uma política de defesa do consumidor.

A reclamação apresentada em cada órgão, nos atendimentos pessoais, representa a outorga de uma procuração para que o Procon represente cada consumidor e, assim, toda a coletividade. Embora demande muitos recursos humanos e estruturais, é, em última análise, a concretização da figura do Estado na proteção dos direitos de cada cidadão.

Trata-se da dimensão da promoção da cultura de proteção e respeito das pessoas, o que contribui para a pacificação social, por meio do encaminhamento dos conflitos e da realização da necessária harmonia para a segurança jurídica e o desenvolvimento.

Realizar uma política nacional sem a participação dos Procons estaduais, municipais e do Distrito Federal representaria um grave equívoco, pois excluiria a voz de milhões de consumidores que comparecem aos mais diversos atendimentos dos órgãos. Seria uma substituição da voz dos consumidores pela vontade ou compreensão daquele que não dialoga permanentemente com cada um dos consumidores.

Assim, os Procons Estaduais, Municipais e do Distrito Federal são os principais atores da Federação que integram o Sistema. No âmbito federal, a coordenação é realizada pela Secretaria Nacional do Consumidor, substituindo o antigo Departamento Nacional de Defesa do Consumidor e a Secretaria Nacional de Direito Econômico do Ministério da Justiça.

7. OS ÓRGÃOS FEDERAIS E ESTADUAIS

Há uma discussão importante sobre a participação dos demais representantes públicos, como o Instituto Nacional de Metrologia – Inmetro, as Agências Reguladoras que possuem atribuições para intervir no mercado de consumo, assim como, os respectivos órgãos e Agências no âmbito dos estados, municípios e Distrito Federal.

Como não se trata do objetivo destas breves reflexões o aprofundamento analítico dos inúmeros argumentos existentes, acreditamos ser suficiente afirmar que não existe impeditivo para a participação desses órgãos públicos. A dimensão constitucional dos direitos fundamentais expressa como dever do Estado a promoção dos direitos dos consumidores.

8. A PARTICIPAÇÃO DO MINISTÉRIO PÚBLICO NO SNDC

O Ministério Público Federal e dos estados sempre participaram do Sistema de forma substantiva. Assumindo protagonismo em vários temas, contribuíram com a formação da Política Nacional de Defesa do Consumidor.

Importante registrar, entretanto, a deferência em relação à independência do órgão ministerial. Sem a independência não haverá liberdade necessária para a tutela dos direitos e interesses da sociedade. Por isso, não é possível impor ou estabelecer qualquer obrigatoriedade a eles sem que seja decorrência de uma edição legislativa e consonante com as regras constitucionais. De qualquer forma, as atividades do Sistema não comportam ações arbitrárias ou impositivas aos seus integrantes. O diálogo de qualidade e o consenso são suas principais ferramentas e permitem que mesmo atores institucionais independentes possam fazer parte dele ou no que mais interessa a toda sociedade: somar esforços para a construção e a implementação da Política Nacional de Proteção ao Consumidor.

9. A DEFENSORIA PÚBLICA NO SISTEMA

Na última década, a Defensoria Pública assumiu um importante papel no Sistema, com participação no planejamento, elaboração, proposição e execução da política nacional de defesa do consumidor. De modo similar aos Procons, a Defensoria Pública é vocacionada ao atendimento judicial e extrajudicial do consumidor carente, hipossuficiente, nos termos do art. 39, IV do CDC.

A participação da Defensoria Pública é necessária, pois permite trazer ao Sistema duas perspectivas que enriquecem o compartilhamento de informações e a produção de novos conhecimentos. A defesa judicial e o atendimento da população carente emprestam uma nova dimensão aos debates para o planejamento, elaboração, discussão e implementação da Política Nacional de Defesa do Consumidor.

10. OS ÓRGÃOS REGULADORES E FISCALIZADORES

A composição do Sistema e suas atividades comportam atores públicos e privados. No âmbito público, são atores com reconhecida atribuição legal para regular e fiscalizar e, assim, impor sanções ao particular.

O funcionamento do Sistema não tem a rigidez estabelecida pelo texto legal, logo, torna-se possível elaborar, mediante consensos, a melhor forma de operacionalização de suas atividades.

Por isso, a atividade de fiscalização e regulação, a exemplo do que já ocorre, pode e deve ser sempre transparente e sujeita ao controle de toda a sociedade, e não apenas dos Poderes instituídos do Estado.

Isto, porém, não significa que todos os debates, elaboração ou estratégias sejam públicas, sob pena de afetar diretamente a efetividade de suas atividades. É assim, possível e necessário que as estratégias para implementação da Política Nacional de Defesa do Consumidor sejam realizadas com reserva para atores que não realizem atividades de regulação e fiscalização.

11. OS ATORES PRIVADOS DO SISTEMA NACIONAL DE DEFESA DO CONSUMIDOR

As entidades privadas de defesa do consumidor também integram o Sistema Nacional de Defesa do Consumidor. Trata-se de um reconhecimento do legislador da importância da representação e organização da sociedade. Embora a defesa do consumidor, no caso brasileiro, tenha sido introduzida pelo Estado, diferente do ocorrido em outros países, como nos Estados Unidos, a participação do cidadão é fundamental para o controle e desenvolvimento da defesa do consumidor.

São as organizações privadas de defesa do consumidor que, na representação direta dos cidadãos, conferem ao regime de defesa do consumidor um controle organizado das ações desenvolvidas pelos órgãos públicos. Além disso, contribuem com a discussão e a implementação dos direitos dos consumidores. Logo, nada mais natural que elas possam integrar o regime institucional do Sistema.

Note, entretanto, que a entidade civil precisa ser de defesa do consumidor, isto é, ter sido instituída, organizada e estruturada para a defesa dos interesses e direitos dos consumidores.

As organizações de fornecedores e representações do mercado são fundamentais para o desenvolvimento dos direitos dos consumidores, porém, não podem ser consideradas entidades de defesa do consumidor.

É possível reconhecer a importância das entidades representativas dos interesses dos fornecedores ou de segmentos do mercado de consumo quando o próprio Código de Defesa do Consumidor, no seu artigo 55, §3º prevê as comissões permanentes de elaboração, revisão e atualização das normas de fiscalização do Sistema.

Assim, as entidades do setor privado representativas dos interesses dos fornecedores são importantes, porém não integram o Sistema. Elas podem participar ativamente das discussões, apresentar propostas, exercer controle social das atividades realizadas e até, conforme pudemos destacar, participar de comissões com integrantes do Sistema, mas não se confunde com seus integrantes.

12. A EFETIVIDADE E OS DESAFIOS DO SISTEMA NACIONAL DE DEFESA DO CONSUMIDOR

O Sistema Nacional de Defesa do Consumidor pode e deve ser institucionalizado em estruturas normativas infralegais, porém, é importante considerar que ela vai além de uma estrutura formal. Sua organicidade depende da participação de cada integrante e de seu coordenador. Por isso, podemos dizer que a existência do Sistema depende de uma ação cultural, isto é, depende de pessoas e suas respectivas expressões de valores e conceitos.

No pós positivismo, o texto da lei não se confunde com a norma, sendo essa a produtora de efeitos no mundo dos fatos. O texto e a disposição legal são fundamentais, pois são eles que inauguram, em linguagem, a existência de um dever que emana um comando ordenador para toda sociedade.

Entretanto, este comando somente existirá quando for concretizado e, para tanto, depende necessariamente de pessoas e instituições. A pessoa responsável pela concretização do texto da lei em norma assume uma dimensão fundamental. É ela a principal responsável pela efetividade da norma, isto é, pela produção dos efeitos desejados no mundo dos fatos.

O Sistema foi instituído pelo Código de Defesa do Consumidor. Depende, entretanto, dos atores institucionais para se tornar concreto e produzir os efeitos da Política Nacional de Defesa do Consumidor.

A principal virtude do Sistema encerra também o seu maior desafio. Ele depende de pessoas, mais do que instituições. Pode se reunir em uma sala, com poucas pessoas, ou quase uma centena. Pode comunicar políticas de defesa do consumidor elaboradas e planejadas, ou pode simplesmente ouvir, debater e construir em conjunto com diversos atores, legitimamente integrados, uma política nacional. Nem sempre haverá consenso, mas será um exercício necessário da política como instrumento de construção de consensos possíveis.

A depender de pessoas, não apenas de uma pessoa, mas de várias, o Sistema reproduz a dimensão do controle social, em que todos contribuem para que se prevaleça a melhor decisão. Será sempre um "jogo de soma positiva", pois mesmo que a decisão seja equivocada, será possível, em momento posterior, retificar, conscientizar e finalmente, avançar nos efeitos e resultados para a proteção dos consumidores.

Assim, nesses 30 anos do Código de Defesa do Consumidor é possível comemorar os avanços para a proteção do cidadão e seus interesses nas relações de consumo. Foi construído um Sistema, com qualidade e desafios que representam o quadro de três décadas da sociedade brasileira.

Uma das mais preciosas lições do Código de Defesa do Consumidor tem sido sua capacidade de enfrentar a mutabilidade e dinamicidade do mercado de consumo. Para tanto, suas normas foram estruturadas de forma aberta ou indeterminada. Ao longo desse período, os direitos dos consumidores foram concretizados, mas ainda restam inúmeros desafios abertos e a serem enfrentados. Espera-se que o passado seja uma força que impulsione positivamente o futuro e inspire as atuais e novas gerações na superação dos conflitos com o melhor do conhecimento, da coragem e da responsabilidade para seja possível materializar o mandamento constitucional de construirmos uma sociedade livre, justa e solidária.

O *COMPLIANCE* NAS RELAÇÕES DE CONSUMO: MECANISMOS DE EFETIVAÇÃO DE ATENDIMENTO AO CONSUMIDOR

Cecília Dantas

Bacharel em Direito pela Universidade Presbiteriana Mackenzie. Advogada em São Paulo.

Fabíola Meira de Almeida Breseghello

Doutora em Direito (Direito das Relações de Consumo) pela PUC/SP (2016). Mestre em Direitos Difusos e Coletivos pela PUC/SP (2009). Especialista em Direito das Relações de Consumo pela PUC/SP (COGEAE - 2005). Professora Assistente da Especialização em Direito das Relações de Consumo da PUC/SP (COGEAE). Professora convidada do MBA Gestão Jurídica do Seguro e Resseguro confirmado pela Escola Superior Nacional de Seguros, Escola superior da Advocacia (ESA-SP), entre outras. Coordenadora de obras jurídicas. Conselheira do IBRAC e Presidente da ABRAREC. Sócia Coordenadora do Departamento de Relações de Consumo do BNZ Advogados Associados. Advogada em São Paulo.

Roberta Densa

Doutora em Direitos Difusos e Coletivos pela Pontifícia Universidade Católica de São Paulo (PUC/SP). Mestre em Direito Político e Econômico pela Universidade Presbiteriana Mackenzie. Professora de Direito Civil e Direitos Difusos e Coletivos. Professora da Faculdade de Direito de São Bernardo do Campo. Autora da obra "Proteção jurídica da criança consumidora" publicada pela Editora Foco, do livro "Direito do Consumidor" publicado pela Editora Atlas (9ª edição) e cocoordenadora da obra "Coronavírus e responsabilidade civil contratual e extracontratual" publicada pela Editora Foco. Membro da Comissão dos Direitos do Consumidor da OAB/SP. Advogada em São Paulo.

Sumário: 1. Introdução. 2. *Compliance*: conceito e aplicação. 3. O conceito de integridade e os pilares do *compliance*. 3.1 O conceito de integridade. 3.2 Os pilares de um programa de *compliance*. 3.2.1 Comprometimento e apoio da alta administração. 3.2.2 Instância responsável. 3.2.3 Análise de risco. 3.2.4 Monitoramento contínuo. 4. Programa de *compliance* voltado para relações e consumo. 4.1 *Compliance* e a Política Nacional das Relações de Consumo. 4.2 Serviço de atendimento ao cliente. 5. *Compliance* e atendimento aos consumidores: exemplo a partir das normas do Bacen. 6. Conclusão. 7. Referências.

1. INTRODUÇÃO

A comemoração dos 30 (trinta) anos do Código de Defesa do Consumidor nos trouxe reflexões sobre o passado, o presente e futuro da proteção do consumidor em terras brasileiras. De fato, muito se tem a comemorar em relação aos avanços trazidos pela lei aos consumidores, que ao longo desse tempo tem sido exaustivamente debatida em sede de doutrina e jurisprudência.

De outra banda, outras são as preocupações que devemos ter em mira, em especial quando ao direito do consumidor na sociedade da informação, a efetivação dos direitos até então conquistados, o estudo constante das novas formas de economia e a melhoria no atendimento aos consumidores.

O artigo tem por escopo trazer luzes a um tema relativamente novo que está em voga nas relações de consumo e que pode em muito auxiliar o atendimento aos consumidores: o *compliance*. De fato, um dos pontos essenciais da lei consumerista é o reconhecimento da vulnerabilidade do consumidor, a transparência e harmonia nas relações e a prevenção de danos aos consumidores.

O *compliance*, pensado incialmente para coibir a corrupção e a concorrência, pode ser um instrumento de extremo valor para efetivar a defesa do consumidor, organizando a empresa desde a alta cúpula, passando pelos seus empregados e chegando aos terceirizados. De fato, conforme veremos, todo o processo organizacional introduzido pelo programa de *compliance* na empresa pode ser uma eficaz forma de atender aos anseios dos consumidores e efetivar os direitos trazidos pelo CDC.

2. *COMPLIANCE*: CONCEITO E APLICAÇÃO

O termo *compliance* deriva do inglês e pode ser traduzido para o vernáculo como 'conformidade'. Leia-se conformidade não só com o ordenamento jurídico, mas também com os anseios de boas práticas advindos da empresa, do consumidor, da autorregulação do setor e da sociedade como um todo[1]. Percebe-se a crescente importância que a matéria vem tomando no mundo corporativo em diversos setores empresariais para se adotar procedimentos éticos e de conformidade.

Nesse sentido, Milena Donato e Rodrigo da Guia esclarecem que:

> Estipulam-se normas de conduta a serem seguidas, de maneira a se garantir o respeito à legalidade, à transparência, bem como a ausência de conivência com qualquer tipo de infração ou ilícito praticados pelos funcionários ou representantes da sociedade. Cuida-se da adoção de sistemas para assegurar o bom funcionamento do ambiente corporativo à luz não apenas das políticas internas de cada sociedade, como também das normas legais em vigor[2].

Destarte, o *compliance* evoluiu e passou a ser pauta no mundo corporativo como um todo, trazendo eficácia às normas, tanto jurídicas quanto éticas, em virtude da crescente necessidade de se encontrar o seu efetivo cumprimento. Assim, tornou-se instrumento capaz de superar as deficiências normativas no ambiente corporativo, e foi além dos modelos regulatórios tradicionais de controle até então existentes.

---

1. De acordo com o guia do CADE define-se *compliance* como sendo "um conjunto de medidas internas que permite prevenir ou minimizar os riscos de violação às leis decorrentes de atividade praticada por um agente econômico e de qualquer um de seus sócios ou colaboradores. Por meio dos programas de compliance, os agentes reforçam seu compromisso com os valores e objetivos ali explicitados, primordialmente com o cumprimento da legislação. Esse objetivo é bastante ambicioso e por isso mesmo ele requer não apenas a elaboração de uma série de procedimentos, mas também (e principalmente) uma mudança na cultura corporativa. O programa de *compliance* terá resultados positivos quando conseguir incutir nos colaboradores a importância em fazer a coisa certa. Disponível em: [http://www.cade.gov.br/acesso-a-informacao/publicacoes-institucionais/guias_do_Cade]. Acesso em: 06.06.2020.
2. OLIVA, Milena Donato; SILVA, Rodrigo da Guia. Origem e evolução histórica do compliance no direito brasileiro. In: FRAZÃO, Ana; CUEVA, Ricardo Villas Bôas. *Compliance*: perspectivas e desafios dos programas de conformidade. Edição do Kindle.

Isso porque a regulação estatal não é suficiente para a solução de todas as questões evocadas pela sociedade. De fato, a regulação estatal e a autorregulação possuem vantagens e desvantagens e sugere-se que deva ser pretendida uma medida adequada de dosagem de cada uma dessas modalidades de disciplina da publicidade no Brasil, muito embora, na prática, essa justa medida não seja fácil de ser encontrada. O objetivo, aqui, com a autorregulação e o *compliance* é concretizar a harmonia das relações de consumo preconizada pelo art. 4º do Código de Defesa do Consumidor.

Nesse sentido, Juliana Martins e Raphael Silva afirmam que

> cada um dos agentes reguladores responde a incentivos diferentes e possui instrumentos e objetivos particulares, razão pela qual regulação e autorregulação devem ser vistas como instrumentos complementares, não alternativos[3].

De fato, é essencial que o mercado faça autorregulação dos aspectos que o legislador não consegue ter agilidade necessária para atuação frente às necessidades dos consumidores. Por outro lado, a regulação promovida pelo Estado tem por função corrigir as assimetrias de informação presentes no mercado de consumo, sempre respeitando a legislação concernente ao tema.

Sabemos que os mercados são estruturados de forma complexa e que realizam trocas econômicas eficientes. No entanto, "mercados resultam de decisões políticas e de normas jurídicas modeladoras, cabendo, pois, ao Direito, conformar, desenhar e definir os mercados, que, por sua vez, são produto, criação deste mesmo Direito, desenhados, configurados pelas normas que cuidam das relações intersubjetivas. São, então, produtos de decisões e opções políticas"[4].

É de se reconhecer, portanto, que o mercado segue determinada ordem e que é necessária a previsibilidade quanto aos comportamentos das partes, previsibilidade essa que pode ser estabelecida pelas próprias partes através da autorregulação. Ordem essa estabelecida em pelo Estado (regulação)[5] e, também, pelos agentes de mercado (autorregulação)[6].

---

3. Mecanismos de autorregulação do mercado de capitais: características e papel na proteção dos investidores. *Revista de direito bancário e do mercado de capitais*, v. 88/2020. p. 127-156, abr.- jun./2020.
4. Mecanismos de autorregulação do mercado de capitais: características e papel na proteção dos investidores. *Revista de direito bancário e do mercado de capitais*, v. 88/2020. p. 127-156, abr. – jun./2020.
5. Sobre o conceito e extensão do termo regulação, Juliana Martins e Raphael Silva explicam: "Regular significa o ato de formular e impor determinadas regras de conduta, modalidade de intervenção do Estado no domínio econômico que não, isto é certo, pelo exercício da própria atividade. A regulação em sentido amplo, portanto, encerra todo conjunto de regras estabelecidas por determinado órgão ou agência da Administração indireta, objetivando a fiscalização e a garantia do exercício de determinadas atividades ou setores da vida econômica. Uma interessante concepção de regulação é apresentada por H. Dumez e A. Jeunemaître, que tratam de colocar em relevo, exatamente, os pressupostos assumidos pelo Estado ao decidir intervir no domínio econômico por meio desta modalidade: 'A regulação é uma resposta aos problemas criados pelo jogo espontâneo dos mercados em matéria de produção de bens ou fornecimento de serviços, cada mercado tendo especificidades e podendo ensejar regulação particular [...] Esta resposta se inscreve em dois extremos: a colocação do mercado entre parênteses (o Estado assume a produção do bem ou do serviço, segundo regras que não dizem respeito ao mercado) e o livre jogo do mercado [...] A intensidade da regulação ocorre entre os dois extremos, conforme o efeito de três fatores: o político, as ideias econômicas e a inovação'. Como deve ter ficado claro, na medida em que a regulação é expressão da intervenção do Estado no domínio econômico, a decisão de regular é, evidentemente, uma decisão política.⁶ Sendo assim, não estranha existirem diferentes espécies ou estilos de regulação, razão pela qual M. Trindade e A. M. Santos afirmam que 'o resultado conjunto de forças e de fraquezas inerentes a cada solução é melhor ou pior dependendo do contexto cultural, legal e histórico de cada país, e as variáveis macro e microeconômicas'". Mecanismos de autorregulação do mercado de capitais: características e papel na proteção dos investidores. *Revista de direito bancário e do mercado de capitais*, v. 88/2020. p. 127-156, abr.- jun./2020.
6. A autorregulação, por sua vez, as normas de conduta ficam a cargo daqueles que exercem a atividade regulada.

A autorregulação pelo *compliance* é, nas palavras de Milena Donato e Rodrigo da Guia

"uma mudança de dentro para fora, que desafia os agentes econômicos a saírem de sua postura passiva tradicional diante da regulação jurídica – de apenas obedecer a comandos jurídicos predeterminados e suportar as sanções em caso de descumprimento – para assumir grande protagonismo"[7].

Assim, é através de programas efetivos de *compliance* que agentes privados se tornam aliados ao Estado, à medida que instigam uma cultura de ética e cumprimento de lei e da ética, desde a implantação de regras de conformidade de todas as operações da empresa, até o monitoramento de seu cumprimento e investigação de possíveis transgressões. Dessa forma, com a ascensão de uma cultura de exigibilidade de ética e conformidade dentro das empresas o caminho da efetivação das normas jurídicas se faz mais certeiro[8].

Importante observar que os programas de *compliance* são baseados não só na valorização da autonomia privada, como em pilares de efetivação do pensamento ético e da necessidade de se implantar uma cultura de integridade em todos os setores de uma empresa, desde sua administração, funcionários e prestadores de serviços.

3. O CONCEITO DE INTEGRIDADE E OS PILARES DO *COMPLIANCE*

Como visto, a legislação sobre *compliance* vem ganhando força no Brasil e no mundo. Vale notar que os programas de *compliance* começaram a tomar corpo no Brasil com mais intensidade a partir da lei anticorrupção, tendo a legislação brasileira acompanhando o movimento mundial iniciado na década de 1970 nos EUA.

Ainda que de forma tardia, diversos órgãos do Estado veem se preocupando com os programas de integridade como forma de cumprir os preceitos legais e éticos estabelecidos no ordenamento brasileiro.

Nesse contexto, a Controladoria-Geral da União (CGU), desempenha papel fundamental na defesa do patrimônio público e no incremento de transparência dos órgãos públicos, auxiliando o poder executivo na prevenção e combate à fraude e corrupção, tantos dos entes públicos quanto nas relações dos setores público e privados.

Diante de sua importância na efetivação das normas relativas à transparência e ética, a Controladoria-Geral da União elaborou, em 2015, um guia denominado "Programa de

---

7. OLIVA, Milena Donato; SILVA, Rodrigo da Guia. Origem e evolução histórica do compliance no direito brasileiro. In: FRAZÃO, Ana; CUEVA, Ricardo Villas Bôas. *Compliance*: perspectivas e desafios dos programas de conformidade. Edição do Kindle.
8. Neste sentido, aponta Nascimento: "A globalização, ao contrário do que se poderia prever, não trouxe consigo a desregulamentação de áreas importantes da vida, mas a proliferação normativa. Essa pluralidade não se cinge à produção legislativa inerente a determinado Estado, mas, advém, igualmente, de organizações internacionais, de tratados internacionais ou, mesmo, de organizações privadas. A sujeição à essas normas, é, por vezes, compulsória, como no caso das legislações e regulamentações domésticas ou dos acordos internacionais. Outras vezes, é facultativa, como ocorre com as disposições emanadas por alguns entes privados, tradicionalmente conhecidos como *soft law*[4]. Embora não vinculantes, a recusa em assimilá-las poderia significar o impedimento da atuação de uma empresa em determinado mercado. Não seria sábio um advogado, por exemplo, aconselhar uma instituição bancária a não observar uma norma do Conselho da Basileia: caso o fizesse, o banco poderia ser vetado em contratações com outras instituições financeiras na seara internacional". NASCIMENTO, Victor Hugo Alcade do. Os desafios do *compliance* contemporâneo. *Revista do Tribunais*, v. 1003/2019. p. 51-75, maio/2019.

Integridade: Diretrizes para empresas privadas"[9], contendo normas que objetivam ajudar empresas a aperfeiçoar seus mecanismos de cumprimentos de regras legais e éticas, efetivando um programa de *compliance* que previna e combata condutas ilegais e antiéticas.

Importante ressaltar, ainda, que o guia não tem caráter normativo e vinculante, o que nos leva a compreender que nenhum direito ou garantia foi criado a partir de sua elaboração. Isso demonstra a intenção do órgão em auxiliar as empresas na criação de regras de integridade eficazes ao combate de condutas previstas ao nosso ordenamento jurídico.

Embora o guia seja voltado aos aspectos relacionados à lei anticorrupção, os conceitos de integridade e os pilares ali estabelecidos podem (e devem) ser utilizados para efetividade das regras relativas ao Direito do Consumidor. Vejamos.

3.1 O conceito de integridade

Conforme o guia, "Programa de integridade: diretrizes para empresas", "o conceito de integridade pública representa um estado ou condição de um órgão ou entidade pública 'completo, inteiro, são'. Em outras palavras, pode-se dizer que há uma atuação imaculada e sem desvios, conforme os princípios e valores que devem nortear a atuação da Administração Pública"[10].

O mesmo documento, trouxe ainda a definição do guia de integridade da Organização para a Cooperação e Desenvolvimento Econômico (OCDE), o qual define *integridade* como "uma pedra fundamental da boa governança, uma condição para que todas as outras atividades do governo não só tenham confiança e legitimidade, mas também que sejam efetivas".

De acordo com a Controladoria Geral da União, ficou claro que a promoção da integridade é necessária para a preservação da credibilidade das instituições, mas não só, sendo também uma condição essencial para assegurar um "campo propício para os negócios privados"[11].

Nessa toada, o manual da Controladoria-Geral da União inova, demonstrando a abrangência da necessidade de um programa de integridade nas instituições, certificando o uso do *compliance* além das esferas de proteção à corrupção, trazendo tal ferramenta como um meio abrangente de respeito às normas legais e éticas:

> "Ainda que o termo 'quebra de integridade' possa ser entendido de maneira mais ou menos abrangente, este Manual considera a expressão de maneira mais ampla, englobando atos como recebimento/oferta de propina, desvio de verbas, fraudes, abuso de poder/influência, nepotismo, conflito de interesses, uso indevido e vazamento de informação sigilosa e práticas antiéticas".

---

9. A mais recente versão do Guia de Integridade da CGU é datada de julho de 2017. Disponível em: [https://www.gov.br/cgu/pt-br/centrais-de-conteudo/publicacoes/integridade/colecao-programa-de-integridade]. Acesso em: 06.06.2020.
10. Disponível em: [https://www.gov.br/cgu/pt-br/centrais-de-conteudo/publicacoes/integridade/arquivos/manual_profip.pdf página 5].
11. Disponível em: [https://www.gov.br/cgu/pt-br/centrais-de-conteudo/publicacoes/integridade/arquivos/manual_profip.pdf página 5].

Percebe-se que o guia pretende ir além das obrigações normativas estabelecidas pela Lei Anticorrupção, demonstrando a necessidade de um ambiente corporativo em conformidade não só com as regras anticorrupção, mas com todo conjunto de normas legais e éticas. Dessa forma, ao prevenir e combater uma série de possíveis crimes e condutas antiéticas além da corrupção, a implementação do *compliance* nas empresas é importante ferramenta que pode trazer sucesso nos negócios privados[12].

3.2 OS PILARES DE UM PROGRAMA DE *COMPLIANCE*

Definida a acepção de integridade pelo órgão, passemos agora a analisar os pilares necessários para se alcançar um programa de integridade efetivo, segundo a Controladoria-Geral da União[13]. São eles: o comprometimento e apoio da alta administração; definição de instância responsável; análise de perfil e riscos; estruturação das regras e instrumentos e estratégias de monitoramento contínuo.

Passemos, então, a análise de cada um desses pilares:

3.2.1 Comprometimento e apoio da alta administração

O apoio da alta administração das instituições públicas e privadas na efetivação de um programa de *compliance* é fundamental para que haja aderência dos demais colaboradores da empresa. Naturalmente, as lideranças são posições de destaque e seus atos são, em grande parte, reproduzidos pelos funcionários, seja por respeito, lealdade ou admiração, ou ainda, porque eles representam a cultura daquele ambiente.

Dessa feita, para que exista reconhecimento e adesão de um programa de *compliance*, é muito importante que posições de alta administração, tal como de presidentes, vice-presidentes e diretores desenvolvam e apoiem o programa implementado, encorajando seus funcionários e prestadores a fazê-lo, demonstrando a utilidade do *compliance* naquele ambiente corporativo.

---

12. Um ponto importante a ser debatido em relação aos programas diz respeito a efetividade das normas de *compliance* em relação aos terceiros envolvidos. Nesse sentido, Nascimento discute a sua aplicabilidade e afirma: "Os códigos de ética estabelecidos pelas pessoas jurídicas, como programas de integridade, raramente são considerados vinculantes perante terceiros. Quando incorporada em contratos comerciais, vinculam apenas as partes contratantes, dado o princípio da relatividade nas relações obrigacionais. Como analisado, dificilmente se estenderiam aos empregados da empresa signatária daqueles instrumentos negociais. No entanto, ao inseri-los na seara consumerista, essas codificações tornar-se-iam vinculantes. Dada à amplitude da possibilidade de se conceber quem se qualifica como consumidor, o emprego desses diplomas, como fundamento de demandas, seria possível e auxiliaria a tutela de direitos fundamentais e humanos, independentemente – considerando-se as novas disposições processuais (art. 22, II, CPC) – de onde ocorreram os fatos que provocaram o dano reclamado. Abrem-se, portanto, as portas do Poder Judiciário nacional a uma série de litígios importantes que, em outros países, foram, sumariamente, fechadas, como nos Estados Unidos, em *Kiobel v. Royal Dutch Petroleum co.*, por exemplo. Considerar a utopia, ou seja, a vinculação dos códigos de ética, como solução à fragmentação significa, por conseguinte, conferir ao *compliance* a possibilidade de realização de sua principal função: impor às pessoas jurídicas o protagonismo do dever de respeitar às exigências constitucionais e legais no combate aos males modernos, como a exploração do trabalho escravo e a tutela dos direitos humanos". NASCIMENTO, Victor Hugo Alcade do. Os desafios do compliance contemporâneo. *Revista do Tribunais*, v. 1003/2019. p. 51-75, maio/2019.
13. Todas as definições dos pilares de um programa efetivo de *compliance* estão disponíveis em: [https://www.gov.br/cgu/pt-br/centrais-de-conteudo/publicacoes/integridade/arquivos/manual_profip.pdf] capítulo I, páginas 9 a 14.

Nesse sentido, é importante que, além de dar suporte ao setor de *compliance* da empresa, a alta administração participe de todas as fases de implementação e monitoramento do programa, adote postura ética exemplar e siga, como todos os outros funcionários, as regras e disposições do código de conduta da empresa.

Destaca-se, por fim, que existe uma expressão utilizada para representar a importância na adesão do programa de integridade pela alta administração, a denominada *tone at the top*, que pode ser traduzido como *a cultura do topo*. Tal expressão refere-se a já mencionada implantação de uma cultura ética em ambiente corporativos, estabelecida e incentivada pela alta administração, na busca da prevenção de práticas ilegais e antiéticas.

3.2.2 Instância responsável

O segundo pilar trazido pelo manual da Controladoria Geral da União diz respeito à necessidade da criação de uma unidade de *compliance* dentro da empresa. A instância responsável pela criação e monitoramento das políticas de *compliance* precisa ser independente e trabalhar com autonomia e imparcialidade durante todo o funcionamento do programa.

Isso significa dizer que a pessoa, grupo ou comitê formado deve obter recursos financeiros e humanos deve trabalhar de forma independente, com vistas a efetividade do programa de integridade, tendo acesso, sempre que possível, ao mais alto hierárquico da organização.

Dessa forma, para que se tenha um programa de *compliance* efetivo, é necessário que exista uma área, munida de recursos e de pessoa ou pessoas especialistas no setor. Além disso, é preciso que exista, sobretudo, uma autonomia na implantação e monitoramento do programa, para que os especialistas do setor tenham acesso aos documentos e pessoas necessários à compreensão de todo o ambiente corporativo.

3.2.3 Análise de risco

A análise de risco[14] é fator imprescindível em um programa de *compliance*. É através dela que se entende as ameaças de fraude, condutas erráticas e crimes que a empresa está exposta, para que se mitigue as possíveis falhas éticas e legais dentro do ambiente corporativo. Nesse contexto, observa-se o papel fundamental que desempenha num programa de *compliance*, à medida que é ferramenta indispensável de identificação e mitigação de transgressões no âmbito empresarial.

Nesse sentido, necessário esclarecer que o risco é sempre um evento futuro e incerto, com um resultado negativo que pode impossibilitar o alcance de objetivos da empresa. Assim, para que as metas daquele ambiente corporativo sejam alcançadas, é necessário

---

14. "Da origem da palavra risco é extraída uma característica fundamental que, até hoje, é válida para a compreensão do fenômeno: a incerteza diante da novidade desconhecida e imprevisível. Etimologicamente, a palavra "risco" deriva do italiano *risicare*, que é um termo proveniente das palavras latinas: *risicu* ou *riscu*, que significam "ousar" (*to dare*, em inglês)". MAGALHÃES JÚNIOR, Danilo Brum. Gerenciamento de risco, compliance e geração de valor: os *compliance programs* como ferramenta para mitigação de riscos reputacionais nas empresas. *Revista dos tribunais*, v. 997/2018. p. 575-594, novembro/2018.

que se realize uma gestão dos possíveis riscos na atividade empresarial, possibilitando uma diminuição ou mitigação de seus efeitos.

Ressalta-se ainda que o levantamento prévio à implementação do Programa de Integridade possibilita uma maior compreensão das vulnerabilidades daquele ambiente corporativo, além de identificar as áreas com maior sujeição à riscos, assim como aqueles setores que necessitarão de maior atenção e planejamento pelo *compliance*.

Dessa forma, a análise de risco leva à uma mitigação de futuras transgressões as regras legais e éticas da empresa, trazendo uma resposta aos riscos apontados. Assim é através da identificação, classificação e monitoramento dessas vulnerabilidades que uma série de políticas de integridade são elaboradas, transformando a cultura daquele ambiente corporativo[15].

3.2.4 Monitoramento contínuo

Tão importante quanto identificar riscos e implantar programa de integridade a partir deles, o monitoramento estabelece dinamismo e constante atualização das ações necessárias, permitindo ajustar constantemente um programa efetivo nas instituições. Nesse sentido, importante ressaltar que o *compliance* é sempre dinâmico, e as necessidades da empresa estão em constante mudança diante de diversos fatores, como mudança de função, alteração em normas que refletem suas atividades

Dessa maneira, o monitoramento do programa de integridade é primordial para a efetividade das normas e cultura imposta pelo *compliance*. Sem ele, o programa se torna obsoleto e não alcança os objetivos anteriormente desenhados, o que torna imperativa a necessidade de se identificar constantemente se as medidas adotadas continuam sendo efetivas, alterando regras e adaptando a mitigação de riscos conforme vulnerabilidade diversas e mudanças no cenário interno e externo ocorram.

4. PROGRAMA DE *COMPLIANCE* VOLTADO PARA RELAÇÕES E CONSUMO

De todo o que foi dito, afirmamos, em apertada síntese, que o *compliance* envolvendo as relações empresa-cliente consubstancia-se em uma política de boas práticas para o fim de implemento de efetivas melhorias no atendimento ao cliente, política corporativa para a garantia dos direitos do consumidor, redução de riscos e conflitos na relação de consumo, de forma a não apenas revelar aos consumidores, mercado, órgãos de proteção e defesa do consumidor, Poder Judiciário e demais integrantes do Sistema Nacional de Defesa do Consumidor, o efetivo respeito e conformidade da empresa ao Código de

---

15. De fato, conforme afirma Magalhães Júnior, "os *compliance programs* podem contribuir para a gestão do risco empresarial ao reduzir ou eliminar o risco de possíveis impactos causados pelas inconformidades nos processos internos e fraudes, impondo às instituições uma política ética e de cumprimento das normas, mantendo hígida a reputação e a imagem das companhias, o que gera desenvolvimento da empresa e da sociedade como um todo, porque os comportamentos adotados em cada seara tendem a ser copiados e replicados, estimulando a transparência, a ética e a confiança em qualquer relação, bases para uma verdadeira sustentabilidade". MAGALHÃES JÚNIOR, Danilo Brum. Gerenciamento de risco, compliance e geração de valor: os *compliance programs* como ferramenta para mitigação de riscos reputacionais nas empresas. Revista dos tribunais, v. 997/2018. p. 575-594, novembro/2018.

Defesa do consumidor, precisamente à Política nacional das Relações de consumo, mas, principalmente, difundir e cumprir uma cultura empresarial de respeito regulatório no que se refere ao relacionamento com o consumidor.

Considerando que o termo *compliance* remete à organização e implementação de medidas para evitar violação ao sistema regulatório de determinado tema inerente àquela atividade empresarial desenvolvida, podemos afirmar, no que se refere às relações de consumo, que desenvolver um programa de *compliance* seria difundir, no ambiente corporativo, as medidas que não apenas aquela empresa acredita como sinônimo de boa-fé objetiva no relacionamento com o cliente e como reputação organizacional, mas, também, na medida do possível, como os integrantes do Sistema Nacional de Proteção e Defesa do consumidor entendem a boa-fé no mercado de consumo.

Em outras palavras: Qual a conduta esperada daquela empresa na relação de consumo?

Por meio da resposta a esta pergunta é possível analisar a cultura, o compromisso e os objetivos da empresa com o ambiente regulatório daquele setor em relação ao cliente. É certo que não estamos falando apenas de uma cartilha, de um *guideline*, mas da implementação de uma cultura que seja efetivamente eficaz e apresente resultados no curto, médio e longo prazo. Como será visto, para que resultados sejam atingidos, o envolvimento de várias áreas é primordial, pois a conduta esperada deve vir da alta direção, da autonomia da Ouvidoria, do atendente do SAC e até mesmo pela recepção, principalmente se considerarmos a necessidade de proteção de dados.

É notório que agir com boa-fé objetiva e cumprir a lei[16] não é novidade. Não é novidade a obrigação de agir de acordo com a conduta esperada. Porém, a cada dia, nota-se que problemas envolvendo a reputação empresarial por conta do descumprimento das normas legais e regulamentares aplicáveis ao negócio suprimem a possibilidade de a empresa continuar concorrendo no mercado. Se a alta direção não se envolve e não engaja, a reputação organizacional não seguirá controlada, por ausência de boa-fé objetiva em pequenas práticas diárias.

Neste aspecto, é certo que a livre iniciativa encontra limites na defesa do consumidor (art. 170, V, CF). Logo, considerando que a legislação consumerista pode impactar não apenas os resultados das empresas, mas o próprio exercício da atividade, imprescindível o conhecimento e observância dos princípios que regem as relações de consumo.

Com isso, a compatibilização entre direitos e deveres, bem como o equilíbrio e harmonia de boas práticas no atendimento ao cliente por meio de regras de segurança para redução ou, ao menos, controle de riscos, auxiliará no desenvolvimento e/ou manutenção da imagem e reputação da empresa no mercado de consumo, bem como auxiliará a empresa a evitar imposição de sanções administrativas (por exemplo: elevadíssimas multas) e/ou ações judiciais.

É certo que mais tecnologia disruptiva, mais inovação, criatividade e projetos arriscados, menos ambiente regulatório, mais incertezas, inseguranças. Na atual sociedade,

---

16. Art. 3º da Lei de Introdução às normas de Direito Brasileiro: "*Ninguém se escusa de cumprir a lei, alegando que não a conhece.*" Disponível em: [http://www.planalto.gov.br/ccivil_03/decreto-lei/Del4657compilado.htm]. Acesso em: 15.03.2020.

quanto maior a incerteza, maior deve ser o preparo para lidar com a gestão de eventuais crises que possam surgir, sendo imprescindível que o ambiente corporativo esteja previamente preparado para receber.

4.1 Compliance e a Política Nacional das Relações de Consumo

O *compliance* nas relações de consumo demanda a necessidade de conhecimento e implemento da Política Nacional das Relações de Consumo dentro da empresa, por meio do conhecimento dos princípios afetos.

Portanto, o primeiro passo é difundir na empresa quais os princípios trazidos pelo Código de Defesa do Consumidor. Marcelo Gomes Sodré ressalta que o art. 4º do CDC trata de Política/Sistema Nacional das Relações de consumo, concluindo que este tem por finalidade compatibilizar os interesses de consumidores e fornecedores. Destaca que não se trata de uma política de proteção do consumidor, pois também inclui a definição do papel dos fornecedores na formulação desta política[17].

Logo, fácil concluir que a Política coorporativa de garantia aos direitos dos consumidores deve partir da análise da Política Nacional proposta no art. 4º do CDC. Nota-se que a boa-fé está presente no inciso III como condição para harmonização dos interesses dos participantes das relações de consumo e compatibilização da proteção do consumidor com a necessidade de desenvolvimento econômico e tecnológico.

Boa-fé, portanto, como se nota, é o fundamento de uma política de conformidade de práticas envolvendo as relações de consumo, já que transita de forma a harmonizar interesses de todos os participantes, manter equilíbrio e compatibilizar os direitos dos consumidores com livre iniciativa e desenvolvimento. Como *compliance* é a obrigação de ser, estar e agir em conformidade com a regulação e com a ética, nos sentimos confortáveis em afirmar que o *compliance* nas relações de consumo é cumprir fielmente o dever de boa-fé objetiva estampado no art. 4º do CDC.

Considerando que a boa-fé objetiva gera deveres anexos (instrumentais à prestação), bem como deveres de proteção, uma política de *compliance* pode partir da difusão dos princípios, analisar os ditames corporativos envolvendo conduta esperada e deveres relacionados ao desenvolvimento da atividade econômica perante o cliente e, a partir disso, de acordo com o segmento, partir para a construção de um ambiente interno de acordo com a regulação dos produtos e serviços oferecidos e distribuídos no mercado.

Em suma, em nossa visão, construir uma política corporativa de garantia dos direitos dos consumidores é garantir a boa-fé objetiva na relação de consumo, é atestar a boa-fé objetiva da empresa no atendimento ao cliente. Estando esse conceito claro, e sendo esta a cultura, o deslinde da política apresentará efeitos positivos visíveis.

Partindo da boa-fé objetiva, dos princípios que regem as relações de consumo, das previsões estabelecidas no CDC, é certo que a regulação específica deve ser conhecida. Neste aspecto, determinado órgão pode vir a catalogar formas de atendimento ao cliente. A

---

17. Neste sentido: Marcelo Gomes Sodré. *Comentários ao Código de Defesa do Consumidor*. São Paulo: Verbatim, 2009, p. 39.

empresa pode optar por seguir apenas os critérios que o órgão apresenta ou incluir outros que acredita serem mais seguros e ainda mais efetivos para o atendimento e resolução de conflitos. Essa decisão é fruto de uma cultura, de estruturação de procedimentos de boas práticas no mercado de consumo.

Um prévio programa corporativo em relação às regras de atendimento e segurança ao consumidor é imprescindível em uma situação como esta e revela o quão comprometida está ou não a empresa em relação à segurança, não só ao cliente, mas em relação a todos os envolvidos no atendimento e na necessidade de solução do problema apresentado. Isso porque, de acordo com a Lei 8.078/1990, consumidor não é só o destinatário final do produto, mas também (i) a coletividade de pessoas, ainda que indetermináveis, que haja intervindo nas relações de consumo; (ii) as vítimas de um evento danoso (acidente de consumo); (iii) as pessoas determináveis ou não, expostas às práticas comerciais previstas no Capítulo V do Código de Defesa do consumidor (oferta, publicidade, práticas abusivas, cobrança de dívidas, banco de dados) sendo que em um cenário de *marketplace*, de vários parceiros envolvidos, compartilhamento de dados, corresponsabilidade e solidariedade, é certo que um rígido programa de *compliance* envolvendo o relacionamento e atendimento ao cliente é imprescindível para um positivo posicionamento no mercado e eficiente resolução de conflitos.

Por outro lado, a ausência de um programa de *compliance* potencializa os riscos das constantes transformações. Esses riscos podem ser: (i) de ordem operacional (fabricação, vícios, defeitos, falta de informação adequada no atendimento e na tentativa de resolução de demandas que chegam via Sac e Ouvidorias, vazamento de dados, entre outros); (ii) de ordem legal (inobservância regulatória ou interpretação regulatória equivocada que venha a gerar o exercício da atividade por meio de métodos comerciais coercitivos ou desleais, tal como a ausência de programa previsto no art. 50, da LGPD); (iii) de ordem reputacional (riscos à imagem decorrentes de reclamações em redes sociais, exposição negativa na mídia pela ausência de gestão em uma crise, ausência de gestão para controle de *fake news*, ausência de política relacionada a ofertas, marketing e publicidade de produtos e serviços, ausência de normas de segurança, padrões técnicos, que impeçam mitigação de riscos por vazamento de dados), entre outros.

É certo que a existência de uma política corporativa de respeito ao sistema regulatório de proteção e defesa do consumidor não acarretará o controle total sobre todos os fatos, crises que surgirem e, principalmente, não será suficiente para impedir decisões judiciais desfavoráveis e prolatadas em desconformidade com o normalmente decidido, mas auxiliará no controle destas incertezas. Assim, o debate prévio das possibilidades e alternativas levarão ao conhecimento do tema e dos pontos de conflito por vários setores da empresa auxiliando na mitigação do risco e no controle das incertezas jurídicas que podem surgir, na medida em que incertezas não impedem a possibilidade de uma atuação corporativa previamente organizada para formação de uma estratégia de ação, principalmente para eventos de crise que maculam a reputação organizacional.

A informação ao consumidor e a transparência no atendimento e solução de conflitos ainda são os melhores e mais fortes instrumentos para garantir o equilíbrio da relação de consumo pois, recebendo informações efetivas, o consumidor pode fazer uma escolha adequada e consciente de produtos ou utilizar determinado serviço, principalmente nessa era digital em que os dados circulam entre as empresas. O consumidor não se permite mais ser "enganado" e não confiar na empresa. A reputação da empresa quando o consumidor perde a confiança depositada, principalmente nas gerações mais novas, eleva o risco de dano à imagem, para tanto o *compliance* no atendimento e resolução de conflitos deve estar presente e, mais do que isso, deve ser observado e cumprido por meio de uma gestão multidisciplinar.

4.2 Serviço de atendimento ao cliente

Instrumento imprescindível neste tema é o Serviço de Atendimento ao Cliente, que figura também como um porta-voz da empresa. Se o SAC não tem conhecimento da cultura da empresa e dos direitos e deveres de fornecedores e consumidores, nenhum programa terá resultados positivos. O treinamento do SAC e a existência de boas práticas são essenciais para essa respeitável área da empresa. O SAC deve ser ouvido pela alta direção, deve ter um papel relevante.

A decisão de ter um SAC interno ou terceirizado também depende da cultura da empresa e deve ser amplamente debatido pelos gestores. Se os canais institucionais não conhecem a cultura da empresa e não estão preparados para atender as demandas, principalmente em uma crise reputacional, esta só se agravará. Ponto de destaque nesse tema são as Ouvidorias, que não podem ser confundidas com o SAC e devem ter autonomia na tomada de decisões.

Em 2015, por exemplo, a ABRAREC (Associação Brasileira das Relações Empresa Cliente) e a ABO (Associação Brasileira de Ouvidores/*Ombudsman*) elaboraram o *Manual de Boas Práticas Ouvidorias Brasil* com o objetivo de oferecer informações ao cidadão sobre a Instituição Ouvidoria e sua relação com consumidores, fornecedores, colaboradores, comunidade e usuários de produtos e serviços. Referido canal deve estar presente e participar de qualquer Política corporativa de garantia dos direitos dos consumidores.

Ainda, em 21.11.2019 foi lançada a nova versão do Probare, o Programa de Auto-regulamentação do setor de relacionamento (call center, contact center, help desk/ SAC/ telemarketing) de iniciativa da Associação Brasileira de Telesserviços (ABT), da Associação Brasileira das Relações Empresa Cliente (ABRAREC) e da Associação Brasileira de Marketing de Dados (ABEMD), que identificaram a necessidade de aprimorar o atendimento aos consumidores, estabelecendo parâmetros. O Probare foi lançado há 15 anos, mas necessitava de modernização para se adequar às novas tecnologias. O texto aprovado[18] contou com a participação da Secretaria Nacional do Consumidor (Senacon), órgão do Ministério da Justiça, que a ABRAREC tem constante diálogo[19].

---

18. Disponível em: https://probare.org.br/docs/Codigo_de_Etica_Probare_Revisao_de_Outubro_de_2019.pdf. Acesso em: 16.09.2020.
19. Disponível em: https://probare.org.br/. Acesso em: 16.09.2020.

Tais iniciativas revelam a possibilidade e importância da autorregulação e de programas de *compliance* no que se refere ao atendimento ao cliente. A participação da Ouvidoria e do Sac em tais programas é vital, pois estão na linha de frente no relacionamento com o cliente.

5. *COMPLIANCE* E ATENDIMENTO AOS CONSUMIDORES: EXEMPLO A PARTIR DAS NORMAS DO BACEN

Por todo o ora exposto, fica evidente os impactos da implantação de uma política de *compliance* adequada para o efetivo cumprimento das normas estabelecidas pelo Código de Defesa do Consumidor, levando à efetiva harmonia das relações de consumo.

O setor bancário foi um dos primeiros a ser impactados pelas regras de *compliance* especialmente por razões relacionadas à lavagem de dinheiro, fraude e anticorrupção. No entanto, podemos citar pelo menos três resoluções do Banco Central do Brasil relacionadas à proteção e defesa do consumidor.

A resolução 3.694/2009 do BACEN, utilizando-se do mencionado pilar de "análise de riscos", trata da prevenção de riscos na contratação de operações e na prestação de serviços por parte de instituições financeiras.

Nela, além de proibir as instituições financeiras de recusar ou dificultar o atendimento através dos guichês de caixa, mesmo que o fornecedor, ainda determina que as instituições financeiras e demais entes autorizados, assegurem aos consumidores (clientes e usuários):

- Prestação de informações necessárias à livre escolha e à tomada de decisões por parte dos consumidores, explicitando, inclusive, cláusulas contratuais ou práticas que impliquem deveres, fornecendo tempestivamente cópia dos contratos, recibos, extratos, comprovantes e outros documentos relativos à operação;
- Confecção de contratos redigidos de forma clara e objetiva para compreensão dos consumidores de forma a permitir a efetiva compreensão pelos consumidores, especialmente em relação aos prazos, valores, encargos, multas, datas, locais e demais condições.
- Adequação do serviço oferecido com as necessidades, interesses e objetivo dos consumidores;
- Possibilidade de tempestivo cancelamento do contrato;
- Formalização de título adequado estipulando direitos e obrigações para fins de fornecimento de cartão de crédito;
- Encaminhamento de cartão de crédito ao domicílio do consumidor somente mediante expresso requerimento deste.
- Manutenção, em local visível, de informações claras relativas a situações que impliquem recusa de realização de pagamentos ou recepção de cheques, fichas de compensação, documentos, contas e outros.

Já a Resolução 4.539/2016, mais robusta que a primeira, o Banco Central do Brasil estabeleceu normas relativas à elaboração e implementação de *política institucional de relacionamento* com os clientes e usuários.

Nela, o órgão estabelece princípios e parâmetros para a política de relacionamento com o cliente que devem conduzir "suas atividades com observância dos princípios de ética, responsabilidade, transparência e diligência, propiciando a convergência de interesses e a consolidação de imagem institucional de credibilidade, segurança e competência".

Neste sentido, são providências que devem ser tomadas pelo fornecedor de serviços bancários:

- Promover cultura organizacional que incentive relacionamento cooperativo e equilibrado entre clientes e usuários;
- Dispensar tratamento justo e equitativo entre clientes e usuários, com prestação de informações a clientes e usuários de forma clara e precisa, a respeito de produtos e serviços, além do atendimento a demanda dos consumidores de forma tempestiva e inexistência de barreiras, critérios ou processos desarrazoados para extinção da relação contratual;
- Assegurar a conformidade e a legitimidade de produtos e serviços.

Além disso, as instituições financeiras devem elaborar e implementar a política de relacionamento de modo a consolidar as diretrizes, objetivos estratégicos e valores organizacionais, devendo ser aprovada pelo conselho de administração ou pela diretoria da instituição; ter avaliação periódica; definir papeis e responsabilidades no âmbito da instituição; ser compatível com a natureza da instituição e com o perfil dos consumidores; deve prever programas de treinamento aos empregados e prestadores de serviço; devem prever a disseminação interna de suas disposições e ser formalizada em documento específico.

Por fim, quanto ao gerenciamento da política de relacionamento com o consumidor, as instituições financeiras devem assegurar a consistência de rotinas e de procedimentos operacionais, em especial em relação à concepção de produtos e serviços, bem como em relação à oferta, recomendação, contratação ou distribuição de produtos. Deve também observar os requisitos de segurança em afetos aos produtos, o que deve ser cumprido, inclusive, em relação à proteção dos dados do consumidor.

As rotinas e procedimentos também devem estar atentas à cobrança de tarifas em decorrência da prestação de serviços; a divulgação e publicidade de produtos e serviços; a coleta, tratamento e manutenção dos dados dos consumidores; a gestão do atendimento prestado aos clientes e usuários, inclusive com o registro e tratamento das demandas; a mediação de conflitos; a sistemática de cobrança em casos de inadimplemento; a extinção da relação contratual; a liquidação antecipada de dívidas; a portabilidade para outra instituição e eventuais sistemas de metas e incentivos de desempenho aos funcionários.

Avançando ainda mais no sentido de efetivação e aplicação dos princípios e normas definidos pelo Código de Defesa do Consumidor, o Banco Central do Brasil editou a Resolução 4.595/2017 para dispor sobre a política de conformidade das instituições financeiras.

Nela, o órgão regulador obriga as instituições financeiras a implementar e manter política de conformidade compatível com a natureza, o porte, a complexidade, a estrutura e o perfil de risco da instituição.

O art. 5º da Resolução determina que a política de conformidade defina, no mínimo, os seguintes parâmetros:

- Objetivo e escopo da função de conformidade;
- Divisão clara das responsabilidades das pessoas envolvidas na função de conformidade, de modo a evitar conflitos de interesse entre as áreas e negócios das instituições;
- Alocação de pessoal em quantidade suficiente, adequadamente treinado e com experiência necessária para exercer a função;
- A posição, na estrutura organizacional da instituição, da unidade específica responsável pela função de conformidade;
- As medidas necessárias para garantir a independência e adequada autoridade aos responsáveis por atividades relacionadas à função de conformidade;
- Alocação de recursos suficientes para o desempenho das funções;
- Livre acesso aos responsáveis por atividades relacionadas ao programa de integridade;
- Canais de comunicação com a diretoria, com o conselho de administração e com o comitê de auditoria;
- Procedimentos para a coordenação das atividades relativas à função de conformidade com funções de gerenciamento de risco e com a auditoria interna.

Além disso, o art. 7º da norma traz as obrigações dos responsáveis pela política de conformidade, tais como testar e avaliar a aderência da instituição ao arcabouço legal, à regulação infralegal e a regulamentação dos órgãos fiscalizadores, entre outras obrigações.

Por fim, o art. 9º traz obrigações relativas ao conselho de administração, tais como assegurar a adequada gestão política de conformidade da instituição, a efetividade e a continuidade da aplicação da política de conformidade, a comunicação da política a todos os funcionários e terceirizados, a disseminação de padrões de integridade e conduta ética como parte da cultura da instituição, entre outras obrigações.

Fácil notar que as normas do Banco Central têm por finalidade instituir uma verdadeira política de cumprimento efetivo das regras do Código de Consumidor, utilizando-se da estrutura e dos processos do sistema de conformidade para tanto. De fato, a observação dos pilares e do mecanismo do *compliance* podem ser importantes ferramentas para a harmonia das relações de consumo.

6. CONCLUSÃO

Como visto, essencial que, para a excelência no atendimento ao cliente, manutenção da reputação da empresa no mercado e fidelização dos clientes, seja implementada (fiscalizada e cumprida!) não só uma política de conformidade no atendimento ao cliente, mas também uma política corporativa de garantia dos direitos dos consumidores.

Sem prejuízo da importância da autorregulação mencionada no introito deste, recomenda-se a criação da Política corporativa de respeito ao consumidor. Entre as vantagens, conforme pudemos abordar ao longo do presente, podemos apontar: (a) prevenir riscos regulatórios e de problemas com clientes; (b) preparo prévio para enfrentar e gerir crises reputacionais, em redes sociais, junto à mídia, órgãos de proteção e defesa do consumidor etc.; (c) controlar a reputação; (d) controle adequado de contingência; (e) difundir a cultura de boa-fé no atendimento ao cliente entre todos os funcionários (treinamento e comunicação interna); (f) excelência na gestão da contingência; (g) transparência no diálogo com órgãos de proteção e defesa do consumidor; (h) gerar maior respeitabilidade à marca; (i) aumentar e melhorar a relação com o cliente e a efetividade na solução de conflitos; (j) buscar e atingir o respeito do Sistema Nacional de Defesa do consumidor.

Gerenciar riscos e crises de imagem apenas será possível mediante a criação de cultura nesse sentido e engajamento de toda a empresa na difusão de boas práticas de atendimento ao cliente, comprovação de altos índices de solução de conflitos, ter boa reputação junto aos consumidores, entre outras que estejam de acordo com a Política Nacional das Relações de consumo.

Nota-se, portanto, que a excelência na construção de uma política eficaz de gestão de risco nas relações de consumo, ou seja, fortalecer a construção de uma cultura de excelência no atendimento ao cliente, bem como saber reagir com lealdade e boa-fé na gestão de uma crise envolvendo a relação de consumo será requisito de sobrevivência.

7. REFERÊNCIAS

NASCIMENTO, Victor Hugo Alcade do. Os desafios do *compliance* contemporâneo. *Revista do Tribunais*, v. 1003/2019. p. 51-75, maio/2019.

MAGALHÃES JÚNIOR, Danilo Brum. Gerenciamento de risco, *compliance* e geração de valor: os *compliance programs* como ferramenta para mitigação de riscos reputacionais nas empresas. *Revista dos tribunais*, v. 997/2018. p. 575-594, novembro/2018.

MARTINS, Juliana e SILVA, Raphael. Mecanismos de autorregulação do mercado de capitais: características e papel na proteção dos investidores. *Revista de direito bancário e do mercado de capitais*, v. 88/2020. p. 127-156, abr.-jun./2020.

OLIVA, Milena Donato; SILVA, Rodrigo da Guia. Origem e evolução histórica do compliance no direito brasileiro. In: FRAZÃO, Ana; CUEVA, Ricardo Villas Bôas. *Compliance*: perspectivas e desafios dos programas de conformidade. Edição do Kindle.

SODRÉ, Marcelo Gomes. *Comentários ao Código de Defesa do Consumidor*. São Paulo: Verbatim, 2009.

NOVAS PERSPECTIVAS E DESAFIOS DA APLICAÇÃO DA ECONOMIA COMPORTAMENTAL E DA NEUROCIÊNCIA NAS RELAÇÕES DE CONSUMO

Dionisio Moreno Ferres

Pós-graduado em direito do consumidor pela UniFMU. Doutorando em comunicação e semiótica pela PUCSP. Mestre em comunicação e semiótica pela PUCSP. MBA em Neurociência e comportamento do consumidor pela ESPM. Pós-graduado em neurociência e comportamento pela PUCRS. Advogado.

Sumário: 1. A economia como ação propositiva da proteção e defesa dos consumidores. 2. A *vulnerability* do consumidor como pressuposto orientador e permanente. 3. Desenvolvimento econômico e sua influência por meio do consumo no bem-estar social. 4. As narrativas de *empowerment* do consumidor como justificativa para a flexibilização da proteção do consumidor. 5. Do comportamento do consumidor para a economia comportamental. 6. As iniciativas pioneiras na proteção e defesa do consumidor sob a perspectiva psicológico de nossas escolhas que podem ser consideradas irracionais. 7. O *neuromarketing* e a busca pelos dados pessoais do consumidor para a criação de algoritmos. 8. A utilização de inteligências comportamentais em dispositivos legais na proteção e defesa dos interesses do consumidor. 9. Considerações finais. 10. Referências.

1. A ECONOMIA COMO AÇÃO PROPOSITIVA DA PROTEÇÃO E DEFESA DOS CONSUMIDORES

No livro *A Sociedade Justa*, de John Kenneth Galbraith, lançado no início da década de 1990, na mesma época em que no Brasil era promulgado o Código de Defesa do Consumidor, o autor escrevia de forma categórica que "agora com a expansão e com a complexidade econômica, os consumidores têm que ser protegidos, assim como o meio ambiente" (GALBRAITH, 1996, p.12).

Para Galbraith as questões humanas e sociais nunca se afastaram das questões econômicas. Pode soar desnecessária essa afirmação, mas à época, uma parcela considerável dos economistas havia perdido a sensibilidade para os princípios e valores humanos, concentrando seus esforços exclusivamente no crescimento econômico.

A afirmação de Galbraith foi clara e direta "os consumidores têm que ser protegidos"; essa frase inaugura nossa reflexão para esclarecer de pronto a necessidade de harmonização permanente dos princípios da ordem econômica: a livre iniciativa e a defesa do consumidor.

Tanto a livre iniciativa, como a defesa do consumidor, são princípios constitucionais, da ordem econômica que apresentam diversos desdobramentos que não podemos mais ignorar quanto a relevância social de seus impactos no dia a dia das pessoas.

A harmonia entre esses princípios é um desafio permanente devido ao dinamismo do mercado, que se movimenta em busca de eficiência da produção de bens de consumo, exigências de redução de custos operacionais com emprego de inovação tecnológica para alavancar as vendas e aumento dos lucros. Somente nos últimos trinta anos, com as exigências dos dispositivos do Código de Defesa do Consumidor é que a satisfação do consumidor entrou no cenário econômico.

Temas como igualdade, equidade, respeito, segurança e informação, começam a serem inseridos nas relações de consumo, a partir dos anos 1950, quando Galbraith, era professor em Harvard, e depois atuando como assessor econômico do Presidente John Kennedy (eram inclusive amigos), que os consumidores foram inseridos institucionalmente nas preocupações sociais do Estado.

Como professor Galbraith (1996, p 25), se posicionava a favor da expansão das "oportunidades econômicas para todos os indivíduos", o que exigiria ações por parte do Estado para equilibrar a relação de compra e venda, oferta e procura, protegendo os consumidores, sem, contudo, intervir na ordem econômica, a não ser em casos de abuso.

Em 15 de março de 1962, em mensagem enviada ao Congresso Americano o então Presidente John Kennedy, explicitou em seu texto a necessidade de proteção dos consumidores. Foi a primeira vez que um presidente dos Estados Unidos defendia publicamente políticas de proteção aos consumidores. Na mensagem, foram elencados quatro direitos básicos: *direito à informação, direito a consumir com segurança, direito de escolha e o direito de ser ouvido*. Esses quatro direitos básicos expressam uma preocupação, com a comunicação, o respeito e o diálogo entre as partes, valores que norteiam a relação de consumo e hoje, que podemos encontrar em dispositivos legais, específicos, como é o caso do artigo 10, da Lei 8.078/90, que contém regras para o *recall*, no Brasil.

No Brasil, um artigo inédito sobre o consumidor, de autoria de Fabio Konder Comparato, escrito em 1978, mas publicado somente em 1986, na Revista de Direito Público, cujo título é *Proteção do Consumidor: Importante Capítulo do Direito Econômico*, advertia para a falta de uma noção precisa sobre o quem seria o consumidor para o direito brasileiro à época, pois não havia uma definição jurídica do conceito, o que dificultava uma proteção mais efetiva (COMPARATO, 1986, p. 186).

A necessidade de definir quem é o consumidor para efeitos jurídicos, foi uma das prioridades que precisou ser definida pelo legislador dentro do Código de Defesa do Consumidor, com certa urgência.

Na lição de Filomeno, sob a perspectiva econômica, o consumidor é "todo indivíduo que se faz destinatário da produção de bens, seja ele ou não adquirente, e seja ou não, a seu turno, também produtor de outros bens" (FILOMENO, 2007, p. 24), e ainda sob a perspectiva psicológica de "sujeito sobre o qual se estudam as reações a fim de individualizar os critérios para a produção e as motivações internas que o levam ao consumo" (FILOMENO, 2007, p. 25). Essas definições, construídas a partir dos dispositivos do artigo 2º e parágrafo único, e do artigo 29, da Lei 8.078/90 – O Código de Defesa do Consumidor, foram necessárias para a proteção e defesa destes indivíduos, e nos dias atuais permanecem como necessárias em decorrência de abusos praticados pelos fornecedores sob dois aspectos significativos: o econômico e o psicológico que incidem diretamente na economia comportamental e no comportamento do consumidor.

Podemos observar claramente que o comportamento do consumidor será o aspecto que mais se destaca nas relações de consumo a partir do estabelecimento da proteção legal, e que exigirá tanto do legislador como dos intérpretes da lei um olhar atento para as novas situações que envolvam processos cognitivos.

Com certa notoriedade, a Lei 8.078/90, que é considerada até os nossos dias, uma das leis de proteção ao consumidor mais modernas do mundo, e já em meados nos anos 90, utilizava dispositivos inteligentes, como é o caso do artigo 49, que utiliza técnicas oriundas de conhecimentos comportamentais, contemplando o chamado "*direito de arrependimento*"[1] quando o consumidor efetua compras de forma remota, não tem contato físico prévio com a mercadoria e tem a possibilidade de devolução da mesma dentro do prazo legal. Nesse sentido explica Nelson Nery Júnior (2011, p. 563):

> quando o espírito do consumidor não está preparado para uma abordagem mais agressiva, derivada de práticas e técnicas de vendas mais incisivas, não terá discernimento suficiente pra contratar ou deixar de contratar, dependendo do poder de convencimento empregado nessas práticas mais agressivas. Para essa situação é que o Código prevê o direito de arrependimento.

Existe nessa relação uma vulnerabilidade que não é apenas informativa, considerando-se que as informações poderão ser inseridas sem limitação, inclusive com a possibilidade de imagens tridimensionais, vídeos etc.; entendemos que existe nesse caso, em verdade, uma vulnerabilidade cognitiva. "Além da sujeição do consumidor a essas práticas comerciais agressivas, fica ele vulnerável também ao desconhecimento do produto ou serviço" (NERY JUNIOR, 2011, p. 563), e entendemos que é nesse sentido que a dificuldade de cognição torna os consumidores mais vulneráveis, principalmente à distância. Esse dispositivo dentre outros aspectos, protege o consumidor dos impulsos de compra, da qual foi persuadido, principalmente por técnicas de *marketing*.

2. A *VULNERABILITY* DO CONSUMIDOR COMO PRESSUPOSTO ORIENTADOR E PERMANENTE

Já em meados da década de 1950 e 1960 surgiu uma preocupação, ainda que de âmbito moral, com a vulnerabilidade dos consumidores, como vimos na Mensagem de John F. Kennedy. Com o aumento do poder econômico por grupos multinacionais e com o distanciamento entre fornecedores e consumidores os desequilíbrios foram ficando cada vez mais acentuados.

Com o tempo, passou-se, a reconhecer que os consumidores representavam sempre a parte mais vulnerável da relação de consumo e isso fez com que o Estado reconheces-

---

1. Atualmente em tramitação o PL 281/12 na CCJ do Senado, o projeto amplia consideravelmente as disposições do artigo 49, facilitando o exercício do direito de arrependimento. Há emenda para aumentar de sete para 14 dias o prazo de reflexão, a contar da compra ou do recebimento do produto, o que ocorrer por último.

se esse pressuposto fundamental e na lei, o que foi majoritariamente confirmado pela doutrina e pela jurisprudência de forma interpretativa e sistemática.

Importante ressaltar que o reconhecimento do pressuposto da *vulnerability* não é um requisito local, do consumidor brasileiro, mas global, existente em quase todos os sistemas jurídicos do mundo. Na Comissão Europeia, encontramos dispositivos que reforçam esses aspectos no Doc. COM (85) 314, do final de julho de 1985, que tinha como principal mentor Karel van Miert, comissário europeu na época.

Para Claudia Lima Marques e Bruno Miragem (2012, p. 154), a vulnerabilidade do consumidor se distingue em quatro tipos específicos: "vulnerabilidade técnica, jurídica, fática e informacional". Consideramos oportuno acrescentar agora, um novo tipo de vulnerabilidade, a cognitiva.

Podemos entender como vulnerabilidade cognitiva todos os processos comunicativos e semióticos que utilizam técnicas de neurociência para persuadir ou influenciar os consumidores. Esse reconhecimento faz parte de um processo natural de aperfeiçoamento dos entendimentos acerca das necessidades de defesa do consumidor que deve acompanhar o dinamismo e a mutação do mercado que sofre periodicamente, a imersão de novos conhecimentos tecnocientíficos. Se até agora a jornada do consumidor no uso e na aquisição de produtos e serviços era o objeto de estudo, agora a jornada da decisão ou da escolha na mente do consumidor toma esse protagonismo, exigindo novos modelos regulatórios.

No chamado mundo líquido, expressão utilizada por Bauman[2], – indicativa de comportamentos passageiros e sem muita durabilidade, começaram a ser identificados no ato de compra, no momento da escolha do produto ou do serviço. Atitudes consideradas irracionais e de certa maneira até frágeis, passaram a acontecer de forma massificada na sociedade de consumo, onde parecia não haver segurança, permanência, durabilidade nas relações. Inicia-se com isso uma mudança de paradigma que migra a atenção do momento consciente para o inconsciente do ato de escolha ou decisão do que se consume.

A subjetividade de nossas escolhas e decisões passam a ser mais importantes do que a objetividade do ato de compra. Como explica Cecilia Almeida Salles (2014, p. 13), "a subjetividade humana é uma realidade dividida em região consciente e região inconsciente". Essa realidade passa agora a ser a meta perseguida pelo *marketing* das empresas, na tentativa de conquistar os segundos da atenção do consumidor, raptar sua atenção para o consumo. Mas para que isso ocorra é preciso avançar rumo ao inconsciente, onde muitos processos cognitivos de comportamentos são desencadeados.

O *marketing* de posse de um novo poderio informativo e tecnológico, e de posse de muitos dados sobre os hábitos do consumidor, amplia, consideravelmente seu leque de influência e persuasão, buscando pretensiosamente se aproximar da subjetividade humana.

> A publicidade apresenta muitas formas estratégicas. Ela comunica direta ou indiretamente, revela abertamente seus objetivos ou os esconde, informa, argumenta, sugere e manipula. Para isso, dirige-se

---

2. BAUMAN, Zygmunt, sociólogo e filósofo polonês, professor emérito de sociologia das universidades de Leeds e de Varsóvia, um dos principais teóricos do consumismo na modernidade.

também a zonas não inteiramente conscientes do psiquismo do consumidor e atinge desejos até então desconhecidos pelo próprio comprador" (SANTAELLA, 2010, p.97).

Se por um lado nos avanços nas pesquisas sobre o comportamento do consumidor nos espanta e nos coloca temerosos pelo risco de manipulação, por outro, a chamada economia comportamental, apresenta-se como uma nova perspectiva para compreender a vontade de consumir e permite criar meios inteligentes de conviver com nossas inclinações, instrumentalizando nosso sistema cognitivo para realizar escolhas mais assertivas em ambientes ambíguos, voláteis e complexos. Explica Thaler (2019, p. 87) que "as pessoas são capazes de realizar proezas fantásticas, mas também de cometer erros ridículos". É justamente nesse ponto de incerteza que a economia comportamental procura estabelecer parâmetros de melhoria para a sociedade, fazendo com que os consumidores passem a fazer escolhas mais assertivas.

Existe hoje uma mudança radical nas relações de consumo baseada no aspecto comportamental que está alterando significativamente muitos conceitos.

Não sabemos ainda se é a tecnologia que está mudando nosso processo cognitivo, ou se é o nosso processo cognitivo que está mudando a tecnologia. Esse paradoxo ainda não está claro para a maioria dos estudiosos no mundo. Mas já é possível afirmar que, independente de um ou de outro, os nossos hábitos de vida e de consumo estão sendo alterados de forma significativa. O impulso da inovação tecnológica sob a narrativa do que é mais novo e com mais tecnologia é melhor – como narrativa verdadeira – passou a ser importante impulsionador do consumo, carregando em si os signos da sofisticação, da qualidade, e ao mesmo tempo da simplicidade, facilidade e conforto. Esse tipo de narrativa trabalha processos semióticos por associação tecnologia-melhoria na mente dos consumidores.

É esperado que o mercado absorva com facilidade todos esses mecanismos e os aplique em seu benefício no intuito de alavancar as vendas e aumentar os lucros. Até aqui nada de imoral ou ilegal, mas, entramos em uma zona cinzenta quanto aos limites de aplicação desses novos mecanismos, que misturam tecnologias sofisticadas com neurociência para sugestionar o consumidor. Até que ponto essa assimilação não seria uma manipulação ou uma imposição desrespeitando certos princípios éticos. O justo equilíbrio entre os princípios da ordem economia, principalmente da livre iniciativa e da proteção do consumidor será o grande desafio para as próximas décadas, tendo como ponto sensível dessa tensão as liberdades individuais, os direitos fundamentais e a proteção à vida, saúde e segurança do consumidor. Podemos dizer que não existe uma delimitação legal para determinadas práticas comerciais que são sabidamente prejudiciais ao consumidor e que são exercidas dentro da legalidade, ficando o problema à mercê de condicionantes comportamentais e parâmetros interpretativos como ocorre por exemplo com o superendividamento do consumidor.

Precisamos reforçar que justamente essa assimilação comportamental pelo *marketing*, exigirá, por parte do Estado, políticas públicas protetivas ao consumidor à altura desses novos desafios, como é feito por exemplo com o consumo de cigarros. A *vulnerability* ressurge, assim, como um ponto sensível porque essa assimilação é feita em plataformas de captura e coleta de dados, o que aumenta a vulnerabilidade de quem ocupa a posição de consumidor.

Absortos por esse novo mundo tecnológico e científico com novos padrões de *marketing* e de consumo, nos parece fazer todo sentido a pergunta de Bauman (2011): *a ética é possível num mundo de consumidores?* Será que o mercado não cederá a tentação de ultrapassar os limites da ética e da equidade, nesse novo momento da sociedade de consumo? O que garante que quem tem acesso aos nossos hábitos e inclinações, não controlará nossos corpos e nossas mentes, manipulando nossas vontades, escolhas, sentimentos, emoções e motivações no intuito de retirar desse conhecimento, apenas lucros, sob o custo do comprometimento de nossa liberdade, dignidade, saúde e segurança?

Na nova sociedade de consumo, o mercado quer ter a pretensão de entender a nossa subjetividade como o último enigma existencial a ser comercializado ou como dizem alguns colonizado. Nesse sentido a semiótica da publicidade busca compreender as semioses humanas do "*self*", em que nossa percepção precisa ser identificada e nossa atenção precisa ser perseguida em meio a tantas imagens, sons, aromas e sabores, numa verdadeira sinestesia consumerista. Um exemplo interessante de entender esse processo e a sua relevância, nesse dinamismo mercadológico é o aumento significativo da experiência do consumidor no uso do sentido tátil com celulares. Além disso novas metas passam a ser perseguidas pelo *marketing* das empresas como por exemplo a conquista de um *click*, que passou a ser uma fonte importante de informação e de valor para o mercado.

Embora essa realidade seja entendida por muitos como uma vulnerabilidade tecnológica, fomentada em meio às novas realidades impostas pelas redes sociais digitais, ela esconde ainda uma outra vulnerabilidade muito mais perigosa: a vulnerabilidade cognitiva. Muitos pesquisadores, entendem que essa exposição sempre existiu, porém de forma diferente, e que apenas foram maximizadas pelos meios digitais. Em seu artigo escrito antes do acesso à internet, Comparato já apontava para existência de certas vulnerabilidades que ele denominou de "*fantasias*", com que o próprio consumidor muitas vezes se aprisiona. Para ele o cerne dessa questão é originário dos tempos da revolução industrial, que com efeito, "não deu origem apenas à produção em massa, mas também a uma cultura de massas" (COMPARATO, 1986, p.188). O consumo tem o poder de modificar hábitos, comportamentos e até mesmo a cultura, o que nos credencia a afirmar que passamos a sofrer os impactos de um processo de mudança cognitivo que altera as relações humanas. Princípios, valores e costumes passam por mudanças significativas e invadem a cultura e que por sua vez podem mudar a sociedade.

Mesmo que o consumidor tenha conquistado um espaço de relevância no cenário social, com mais consciência de seus direitos e deveres e tenha aumentado seu conhecimento com acesso mais amplo às informações, ele continua a mercê de pressões, tentações e persuasões, advindas de modelos impostos pela sociedade, cultura e mercado. As tecnologias trazem muitas facilidades, mas também expõem os consumidores a novas vulnerabilidades. Um verdadeiro *mix* de estímulos, situações e circunstâncias que muitas vezes o "obrigam" a consumir de determinada maneira que remonta à antiga e clássica diferenciação de Erich Fromm (1987) sobre o "ser" e o "ter" porquê escondem e revelam significados, princípios, valores e costumes que vão além do simples ato de consumo[3].

---

3. Leituras mais aprofundadas podem ser encontradas em Gilles Lipovetsky (2007) no livro *A felicidade paradoxal*: ensaio sobre a sociedade do hiperconsumo. Trad. Maria Lucia Machado: São Paulo: Cia das Letras.

O que antes era matéria prima para muitos psicanalistas, passa a ser também matéria prima para o *marketing*. Entender comportamentos do consumidor, seu subjetivismo, seu inconsciente, sua irracionalidade suas escolhas enviesadas e sua "incoerência lógica", muitas vezes revelada por meio do consumo, passou a ser uma obsessão dos fornecedores que empregam muitos investimentos em tecnologias para aprimorar cada vez mais seus sistemas de captura de dados.

Excelente colocação temos de Claudia Lima Marques (2012, p. 203) que escreve sobre o consumidor moderno "um sujeito mais ciente de seus direitos e de seu papel na sociedade global e local, mas cada vez menos consciente e racional diante das pressões e tentações do mercado: cada vez mais vulnerável perante dos fornecedores". Podemos concluir que a *vulnerability* também é mutável, e evolui em consonância ao dinamismo do mercado e das práticas comerciais, tendo como principal característica no momento atual a invasão da subjetividade, intimidade e privacidade do consumidor e de seus processos cognitivos, criando uma vulnerabilidade cognitiva.

Além disso, como bem sinalou Fabio Konder Comparato (1986, p. 188) analisando o comportamento do consumidor brasileiro, já naquele momento (década de 1980-1990) , "o consumidor, vítima de sua própria incapacidade crítica ou suscetibilidade emocional, dócil objeto de exploração de uma publicidade obsessora e obsidional, passa a responder ao reflexo condicionado da palavra mágica, sem resistência". A impressionante atualidade do artigo, escrito antes da era da internet, e que corrobora ainda hoje com a visão que temos sobre a vulnerabilidade do consumidor, principalmente considerando as novas circunstâncias digitais e cognitivas, vão desde a antiga "palavra mágica" até as "imagens mágicas" que hoje seduzem milhares de consumidores nos meios digitais, aguardando apenas o "click"[4].

Outro fato que não poderíamos deixar de registrar é que em termos culturais, no Brasil, predomina uma passividade e benevolência por parte dos consumidores muito mais acentuada do que uma postura de beligerância em relação aos fornecedores, o que exige uma permanente atenção por parte dos Órgãos de Defesa do Consumidor na proteção e orientação do consumidor no mercado em constante mudanças. Como afirma o Comparato (1986, p. 196) "a lei não é apenas comando, mas também fator de educação social". É preciso orientar a sociedade para que possa tomar decisões mais conscientes, no intuito de proteger os consumidores contra posturas e atos atentatórios contra a sua dignidade que podem ser praticados por ele mesmo contra sua própria saúde, segurança, intimidade e privacidade. E esse risco pode estar reservado em apenas um click.

3. DESENVOLVIMENTO ECONÔMICO E SUA INFLUÊNCIA POR MEIO DO CONSUMO NO BEM-ESTAR SOCIAL

Em países como o Brasil as desigualdades sociais e regionais ainda estão muito presentes. Na época em que foi promulgada a Constituição Federal de 1988, pareceu

---

4. ANDRADE, Vitor Morais. Não li e concordo! In: BLANCO, Patrícia (Org.) *Pensadores da Liberdade*. São Paulo: Instituto Palavra Aberta, 2017 e BILL, Tancer. *Click:* O que milhões de pessoas estão fazendo on-line e porque isso é importante. São Paulo, Globo, 2009.

necessário e urgente a inclusão no artigo 3º, incisos que fortalecessem ações no sentido de modificar esse quadro social. Estão expressos nos incisos a construção de uma sociedade justa (I); garantir o desenvolvimento nacional (II); reduzir as desigualdades sociais e regionais (III); promover o bem de todos (IV), que continuam sendo grandes desafios para a sociedade brasileira e que são refletidas de forma acentuada no consumo. Enquanto uma parte da população comemora a chega da energia elétrica e da água encanada, outra parte aguarda a chegada da conexão 5G, separados por apenas alguns quilômetros de distância.

Esse desequilíbrio típico dos países chamados em desenvolvimento, ocupou grande parte do pensamento de Galbraith, que inconformado com essas e outras situações, passou parte de sua atividade diplomática na Índia, trabalhando para atenuar desigualdades e iniquidades de uma economia degradadora. Em termos de consumo, a Índia, possui inúmeras semelhanças com o Brasil. Podemos encontrar muitas reflexões interessantes sobre essas disparidades econômicas estudadas por ele, no livro *The good society – the humane agenda*, que inclusive recebeu um prefácio especial do autor para a edição brasileira. É nesse livro que Galbraith reafirma suas convicções sobre a necessidade de "oportunidade econômica para todos" (GALBRAITH, 1996, p.25), como fundamento social para a justiça social.

O termo *"oportunidade econômica"* é muito significativo, concentra muitas possibilidades e supera inclusive aquela ideia parcial e redutora da necessidade de se ter "oportunidade de consumo". A oportunidade econômica vai muito além da oportunidade de consumo. Naquela, os indivíduos têm mais possibilidades de fazer escolhas assertivas, por usufruir de melhores condições de acesso aos bens e serviços e com isso aumentam os critérios de negociação diante dos fornecedores, o que é mais difícil de acontecer quando existe somente a oportunidade de consumo.

Com "oportunidades econômicas", o consumidor fica menos suscetível às urgências de satisfazer as necessidades básicas, como também menos susceptível aos apelos do *marketing*. Além disso ela incentiva uma competitividade salutar no mercado pela necessidade de melhorias contínuas por parte das empresas em atender as exigências de qualidade demandadas pelos consumidores, e, com isso a dinâmica do mercado entra na perspectiva inversa: não são os clientes que competem para consumir, mas são os fornecedores que competem entre si para a fidelização dos clientes.

Além disso, no Brasil vivemos o fenômeno da modernização da sociedade por aderência aos produtos e serviços oferecidos no mercado. São inúmeros os exemplos em que o consumo de novos produtos e serviços mudam os hábitos de vida dos consumidores que agora passam por novas experiências tecnológicas cognitivas, principalmente aqueles advindos da IA – Inteligência Artificial.

Tais circunstâncias permitem entender as razões de tanta desigualdade e vulnerabilidade visto que, infelizmente nossa infraestrutura social não conseguiu até o momento criar um ambiente favorável para o desenvolvimento dos indivíduos, independente do mercado. Situações como a baixa escolaridade, assistência médica precária, tímidas políticas de educação alimentar, desnutrição principalmente nas crianças e adolescentes, falta de saneamento básico, dificuldade com a mobilidade, violência, dentre outros fatores, são barreiras da expansão econômica e cultural, que impactam sobremaneira a possibilidade de um consumo mais consciente. Diante desse cenário, o acesso a bens e serviços têm melhorado até certo ponto a qualidade de vida da população, mas não pode substituir o espaço do poder público e das políticas públicas emancipatórias do indivíduo na sociedade, porque foram concebidas para promover lucros e não para promover pessoas. O poder público e a iniciativa privada possuem finalidades distintas, nas relações de consumo e isso não significa que elas sejam necessariamente opostas, mas são sem dúvidas nenhuma de difícil harmonização, principalmente quando ocorrem distorções causadas por modelos de negócio que buscam concentrar lucratividade em detrimento do respeito à dignidade humana.

É nesse cenário complexo que os fornecedores impõem suas novidades tecnológicas, com o intuito de obter cada vez mais lucros e que de certa forma obrigam a absorção de toda a produção mercadológica ocasionando de forma periférica o desenvolvimento social. Com o fenômeno da globalização os produtos e serviços distribuídos em redes interconectadas e desenvolvidos para atender a demandas da sociedade global, forçam de certa forma a modernização de países menos desenvolvidos, colaborando para uma melhor assimetria planetária, mas repetimos que isso não é o ideal. Essa dinâmica serve muito mais ao mercado do que propriamente a população.

4. AS NARRATIVAS DE *EMPOWERMENT* DO CONSUMIDOR COMO JUSTIFICATIVA PARA A FLEXIBILIZAÇÃO DA PROTEÇÃO DO CONSUMIDOR

São inúmeros os artigos escritos sobre o *empowerment* do consumidor. Houve até quem vinculasse o direito de acesso à justiça como um dos pressupostos desse empoderamento, ledo engano: a judicialização das relações de consumo, demonstra justamente o contrário, que o consumidor não consegue fazer valer os seus direitos de outra maneira, que não seja pela esfera judicial. É isso que na verdade é revelado na judicialização das relações de consumo, trazendo as claras, o descaso dos fornecedores para com os consumidores o que não tem nada a ver com *empowerment*.

O empoderamento dos consumidores se transformou nos últimos anos uma espécie de *swap* no mercado, que figura mais no campo imaginário do que em casos concretos. Existem até mesmo narrativas de *marketing* que propagam o *empowerment* dos consumidores com a finalidade única de agradá-lo e criar com isso, uma maior sintonia com a marca. Muitos aspectos desse *strategic empowerment* são desenvolvidos e aprofundados por Kotler (2010), em seu livro *Marketing 3.0*, chegando o autor a afirmar que os consumidores na prática são os novos donos das marcas (KOTLER, 2010, p. 57). É um *marketing* direcionado para os sentimentos do consumidor em sintonia com os valores da marca.

Kotler (2010, p. 70) afirma que proporcionar aos consumidores uma noção de *empowerment*, é fundamental para fidelizar consumidores para a marca, ou seja, estratégias fundamentadas nesse pressuposto devem ser feitas para que o consumidor se sinta empoderado perante os fornecedores, mas quem será realmente fortalecido serão as empresas e suas marcas.

Entretanto, existe um único ponto de equilíbrio de força que opera nessa relação, que pode fazer frente ao poder econômico dos fornecedores e que foi inclusive reconhecido por Kotler (2010, p. 70): "embora individualmente o consumidor seja fraco, seu poder coletivo será sempre maior do que o poder de qualquer empresa" ou seja, quando representado coletivamente diante dos fornecedores o consumidor poderá se tornar mais forte.

Esses processos apontados por Kotler (2010), eram no passado muito mais incipientes, praticamente impossíveis de ocorrer. O *marketing* de referência, popularmente conhecido, como "*boca a boca*", não representava riscos aos fornecedores. A insatisfação dos consumidores ficava restrita a poucos amigos, parentes e vizinhos, e, as reclamações, quando feitas para o fornecedor, eram recebidas por canais internos e ficavam sob ciência apenas das partes envolvidas. Embora o consumidor tivesse à sua disposição espaços nos jornais de grande circulação, onde eram recebidas e publicadas as reclamações, como também as respostas dos fornecedores, compondo um importante serviços de utilidade pública de expressão e expansão da informação, mesmo assim, os consumidores não eram capazes de impor mudanças significativas, além disso apenas uma parcela da sociedade mantinha o hábito de ler jornais periodicamente. Logo após vieram as iniciativas dos órgãos públicos, em criar *rankings* de reclamações com a divulgação periódica de suas volumetrias que logo passariam a ser disponibilizados na internet e mais recentemente os meios digitais e as redes sociais abrem espaços como canais de reclamação. Esse processo, tem forte poder cognitivo pois o consumidor, confia na opinião e no conselho de outro consumidor, ele se associa e se solidariza com a reclamação do outro consumidor, portanto, nesse contexto de interação e conexão 24/7 em que são disseminados, existe um certa coletividade que se impõe contra os descasos dos fornecedores. Lembrando que é nesse ambiente midiático que as chamadas *fakenews* são propagadas e podem ser veiculadas a qualquer momento em qualquer dispositivo conectado à internet, podendo causar danos irreversíveis para a reputação da empresa. Mas mesmo assim, com todo esse potencial de *empowerment*, são reclamos isolados e não propriamente uma orquestração de consumidores organizados.

Nessa necessidade de conexão contínua alterou o modelo de negócio das empresas e a forma com que os fornecedores se relacionam com os consumidores: as suas necessidades passaram a ser atendidas em *realtime*. Na edição brasileira da *Harvard Business Review*[5], um excelente artigo assinado por Nicolaj Siggelkow e Christian Terwiesch (2019), ambos professores na *Wharton School*, elencam quatro ações estratégicas necessárias para a nova era da conexão contínua com seus clientes, que altera a forma de tratar as manifestações dos consumidores por parte dos fornecedores. Apontam os autores: "As empresas precisam fazer da conexão contínua uma parte fundamental de seu modelo de negócio. Isso pode ser obtido por meio de quatro estratégias: resposta ao desejo, oferta com curadoria, *coach* comportamental e execução automática" (SIGGELKOW e TERWIESCH, 2019, p. 43)[6]. Em uma análise consumerista, podemos distinguir claramente que existe uma

---

5. *Harvard Business Review*, v. 97, n. 5, maio 2019.
6. SIGGELKOW, Nicolaj e TERWIESCH, Christian. Novas tecnologias possibilitam a relação 247/7 com os clientes. É hora de adaptar seu modelo de negócio a essa nova realidade. *Harvard Business Review*, v. 97, n. 5, maio 2019, p. 39.

preocupação dos fornecedores com que afirmou Kotler (2010) em relação a força da coletividade de consumidores.

Essa comunicação contínua do *marketing* de relacionamento não significa *empowerment* do consumidor, mas sim, exigências de mercado que no entender de Kotler (2010) são *forças que estão definindo o novo marketing centrado no ser humano*, pois é preciso voltar a atenção para o consumidor e não para os produtos e serviços, e a expansão estratégica do relacionamento para esses ambientes digitais se deve ao entendimento de que esses espaços são espaços competitivos e de oportunidades.

Concomitante a isso, no Brasil, criou-se uma narrativa oriunda de alguns setores de serviços que diante de um alto volume de reclamações, argumentam que o empoderamento dos consumidores está amparado pelo poder público e as justificativas vão desde excessos de dispositivos legais protetivos presentes em todos os âmbitos federativos e facilidades de acesso aos mecanismos do sistema jurídico e do judiciário, fomentando a chamada judicialização das relações de consumo.

Entendemos que essas narrativas de *empowerment* dos consumidores, são despropositadas e muitas vezes apresentadas juntamente com outras variáveis de *business risk* que não representam propriamente a *empowerment action*.

Um exemplo que representa bem essas variáveis e que favorecem o *business risk* e que não está relacionado com questões de judicialização ou com qualquer outra narrativa de *empowerment* do consumidor, mas que de dentro das empresas, favorecem uma experiência negativa e desestimuladora nas decisões de compra do consumidor é a falta de uma política interna de *"customer centrics"*.

Um caso típico é o desgaste mental[7] na experiência cognitiva de consumo. Isso tem feito com que os consumidores desistam do consumo pela frustação de suas expectativas e pela complexidade dos processos de sua jornada que precisa ser simples e fluída. Essa falta de percepção no processo da jornada do cliente na aquisição ou utilização dos produtos e serviços são problemas desencadeados dentro das empresas, e não tem nenhuma relação com *empowerment* dos consumidores.

Diferentemente do que ocorria no passado, as empresas não tinham tecnologias capazes de entender muitos dos processamentos de informação nas escolhas dos consumidores, hoje muitas áreas de *marketing* estão preocupadas com os *hábitos* dos clientes. A fidelidade do cliente fica ameaçada, quando a empresa negligencia esses algoritmos afirmam Lafley e Martin, em artigo publicado na *Harvard Business Review* (LAFLEYe MARTIN, 2017, p. 35). Em suma o que está em jogo é a captura da atenção do consumidor.

Niraj Dawar (2013), em seu livro que trata da estratégia da empresa focada no cliente, o autor elucida várias questões relacionadas a falta de foco no cliente e suas consequências, citando os famosos casos que incidiram nas falências de grandes empresas e que foram fenômenos relacionados muito mais a *downstream* do que ao *customer empowerment*. Dawar comenta sobre o erro estratégico da empresa em não olhar para a experiência do consumidor como principal problema. Usando como base o famoso artigo de Levitt,

---

7. Existem estudos importantes que colaboram com esse entendimento principalmente Attention and Effort de Daniel Kahneman.

publicado a mais de 50 anos na *Harvard Business Review*, sobre "*marketing myopia*[8]" o autor discorre sobre a necessidade das empresas em rever suas posições estratégicas caso não queiram ter o mesmo fim, e recorda ainda o caso ocorrido com a famosa empresa do universo fotográfico que não se atentou para o universo da imagem.

Poderíamos trazer muitos outros exemplos de *business risk* para vários outros setores econômicos, como por exemplo de uma empresa de transportes que não se atenta para a mobilidade, uma empresa hoteleira que não observa o setor de turismo e assim por adiante.

A constatação é muito mais simples do que parece e não deveria criar muita surpresa na nova economia compartilhada. Hoje não é somente o cliente que passou a ser reconhecido como o maior ativo da empresa, mas os algoritmos de sua jornada também por revelar muito sobre sua tomada de decisão. Se não entender o cliente era o problema das décadas passadas, agora o problema será não entender a jornada do cliente.

No Brasil, infelizmente existem ainda, muitas narrativas de *empowerment* que são maximizadas para minimizar o pressuposto da *vulnerability*. É preciso desqualificar certas narrativas que insistem em colocar a culpa, nos consumidores pelos custos operacionais, inclusive justificando esse custo por excessos de mecanismos protecionistas e por visões *pro consumidor*, por parte do judiciário.

Em um importante trabalho de pesquisa feito por Ricardo Morishita Wada e Fabiana Luci de Oliveira, na FGV Rio, apontou que em 2012, das empresas entrevistadas 45% entendem o CDC como um custo[9] (WADA e DE OLIVEIRA, 2012, p.99) e infelizmente ainda negligenciam seu aspecto mais importante do equilíbrio das relações para o desenvolvimento econômico com maior segurança jurídica.

5. DO COMPORTAMENTO DO CONSUMIDOR PARA A ECONOMIA COMPORTAMENTAL

As teorias econômicas consolidaram o entendimento sobre o comportamento do consumidor, por meio do comportamento racional do *homo economicus*, cujo entendimento é que agimos com racionalidade nas nossas escolhas de consumo. Porém nos últimos anos com o desenvolvimento de pesquisas nas áreas do cérebro humano, principalmente com ajuda de novos recursos tecnológicos de imagens, possibilitaram a descoberta de fatores adversos no comportamento que não correspondiam com os entendimentos da racionalidade e que possibilitaram investigar mais a fundo os comportamentos até então considerados enviesados.

Inicia-se com isso uma nova fase que proporcionou uma mudança de paradigma no comportamental do consumidor. Lembramos que praticamente todas as teorias da segunda metade do século XIX, tomavam por base o *homo economicus*.

---

8. *Marketing myopia* é uma expressão que foi utilizada pela primeira vez pelo famoso professor de *marketing* de Harvard, Ted Levitt. O artigo possui uma tradução brasileira feita por Auriphebo Berrance Simões e Nivaldo Montingelli, incluso no volume 2, 2ª edição do livro *A imaginação de marketing*, de Theodore Levitt.
9. WADA, Ricardo Morishita e DE OLIVEIRA, Fabiana Luci. *Direito do Consumidor:* Os 22 anos de vigência do CDC. Rio de Janeiro: Elsevier: FGV, p. 99.

Essas teorias, consideravam a hipótese básica de que os consumidores buscam "obter o máximo de satisfação dentro das limitações do orçamento" (GARÓFALO, 1975, p.11). Esse entendimento apresenta vários aspectos da teoria utilitarista, principalmente a teoria desenvolvida, no século XIX, por John Stuart Mill.

As primeiras críticas dessa teoria apareceram já na década de 1970. No Brasil os professores Gilson de Lima Garófalo e Luiz Carlos Pereira de Carvalho, apontavam falhas nesse entendimento:

> é preciso considerar que o consumidor não tem um perfeito conhecimento sobre a melhor forma de atender suas necessidades. Na realidade, ele tem um conhecimento insuficiente dos bens que adquire. De mais a mais, sente certo desapontamento decorrente de escolhas e decisões que geraram utilidades ou satisfações efetivamente usufruídas, menores do que a por ele imaginadas ou antecipadas (GARÓFALO e CARVALHO, 1975, p.12).

As novas tecnologias de captura de imagens e de sinais do cérebro em atividade desencadearam muitas pesquisas que passaram a ser conhecidas como pesquisas de neurociência. Muitos pesquisadores da área da psicologia, biologia, medicina, economia, sociologia passaram a concentrar esforços no desbravamento da mente, no intuito de compreender melhor o comportamento humano.

Muitos paradigmas existentes até então, foram derrubados. O mais significativo deles é sem dúvida o da teoria das escolhas racionais, devido a importantes contribuições feiras por Amós Tversky[10], Daniel Kahneman[11] e mais recentemente Richard H. Thaler[12], apenas para citar os mais proeminentes.

Esses pesquisadores reconhecem que os economistas sempre trabalharam com o entendimento, "cuja premissa central é que as pessoas escolhem por otimização. De todos os bens e serviços a adquirir, uma família opta pelo melhor dentro de suas possibilidades de compra" (THALER, 2019, p.19).

Admitir conceitos dessa teoria é reconhecer que nossas escolhas são imparciais e que somos seres racionais e que agimos com racionalidade nas escolhas, o que foi classificado de "*expectativas racionais*" (THALER, 2019, p.19), o que se mostrou irreal, pois para que isso pudesse ocorrer como idealizado, seria necessário que existisse um equilíbrio nas relações, que o mercado seja competitivo e que o acesso seja facilitado, o que não ocorre na maioria das vezes. A imprevisibilidade, incertezas e riscos fazem parte da economia e o consumidor como parte dessa dinâmica não fica fora desse processo.

Com isso a economia comportamental, passou a eleger como pressuposto teórico que em meio as incertezas e riscos do mercado, nossas escolhas serão muitas vezes irracionais ou diferentes do que se esperava diante de uma lógica racional, porque os cenários serão sempre de imprevisibilidade. Passamos a trabalhar com cálculos e probabilidades, mas que não são definidos pela racionalidade, mas sim por uma variável imensa de fatores

---

10. Amos Tversky colaborador de Daniel Kahneman e um dos protagonistas da teoria das escolhas irracionais e das decisões enviesadas dos seres humanos.
11. Daniel Kahneman, professor emérito de psicologia da Universidade de Princeton, recebeu o Prêmio Nobel de Economia em 2002 por pesquisas pioneiras com Amos Tversky sobre os processos de tomada de decisão.
12. Richard H. Thaler, economista, estudioso da economia comportamental, vencedor do Prêmio Nobel de Economia em 2017.

inclusive, genéticos, epigenéticos, psíquicos e fisiológicos que influenciarão em nossas escolhas.

Esse *mix* de informações processadas em nosso cérebro, orientarão muitas de nossas escolhas pessoais e não é por menos que as áreas de *marketing* das empresas fazem o possível para coletar o maior número possível de dados, no intuito de criar algoritmos mais eficientes e contam inclusive com recursos de IA – Inteligência Artificial para isso. Um bom exemplo disso são os algoritmos produzidos pela Amazon em experiências de compra[13].

Nos últimos anos com os avanços das pesquisas neurocientíficas novas descobertas reforçaram a desconstrução do entendimento da racionalidade para consolidar um entendimento totalmente contrário a esse.

Deixamos o *homo economicus* para redescobrir o *homo sapiens* e sua capacidade de sociabilidade e seus instintos de sobrevivência que permanecem ativos em nosso sistema genético e cognitivo e que influenciam o nosso comportamento, decisões e escolhas.

Com todas essas mudanças e com a quebra do paradigma da racionalidade é que muitas outras pesquisas avançam de forma surpreendente.

Trabalhos de Matthew Lieberman e Naomi Eisenberger[14], com o auxílio de ressonância magnética, fizeram interessantes descobertas sobre como o prazer e a dor são associados em nossa mente e seus efeitos em nosso comportamento social.

Os autores defendem que os seres humanos tentam obter o máximo de suas necessidades de convivência com o menor esforço possível. Quer ter o máximo de desejos atendidos, fazendo um mínimo possível de esforço para obtê-los. Além disso querem que as instituições criadas sirvam para os propósitos particulares e individuais.

A lógica é muito próxima do pensamento utilitarista, mas alicerçada muito mais em nossos sentimentos do que em cálculos racionais. Essa busca, faz com que o *homo sapiens* direcione seus esforços na busca da felicidade e instintivamente tenta se afastar da dor e se aproximar daquilo que lhe dá prazer. Quando esses desejos não são alcançados pode desencadear o que os autores denominam de "dor social" que no entendimento desses pesquisadores é tão insuportável quanto a dor física.

Todas essas descobertas, tem muito a colaborar com os entendimentos sobre o comportamento dos consumidores. Suas decisões, escolhas, desejos, inclinações, preferências, atenção e buscas, sofrem a influência desses fatores e merecem ser considerados inteligentemente para o desenvolvimento de políticas públicas que visem a maior proteção do consumidor, principalmente no que diz respeito à vida, saúde e segurança que podem sofrer ameaças quando do uso indevido desses conhecimentos, manipulando o consumidor, sob a finalidade última do lucro a qualquer custo.

---

13. Para aprofundar o tema recomendamos a leitura de Steven Johnson: *Emergência*, também: *De cabeça bem aberta*: conhecendo o cérebro para entender a personalidade humana e Jeffrey M. Stibel: *Conectado pelas ideias*: como o cérebro está moldando o futuro da internet.
14. Professores e pesquisadores do Laboratório de Neurociência Cognitiva Social da UCLA. Além disso Matthew Lieberman é editor e fundador da revista *Social Cognitive and Affective Neuroscience*.

6. AS INICIATIVAS PIONEIRAS NA PROTEÇÃO E DEFESA DO CONSUMIDOR SOB A PERSPECTIVA PSICOLÓGICO DE NOSSAS ESCOLHAS QUE PODEM SER CONSIDERADAS IRRACIONAIS

Nos Estados democráticos a salvaguarda dos direitos humanos e do interesse social sobre interesses individuais é algo muito presente nas relações de consumo. Se o Brasil apresentar níveis de desenvolvimento econômico, tecnológico e social, satisfatórios, apresentará também para os próximos anos muitas colisões de direitos por questões relacionadas principalmente às liberdades individuais e abuso de direitos.

Isso, de certa forma não é ruim, pois demostra que a sociedade brasileira está acompanhando a comunidade global em seu desenvolvimento, surgindo em decorrência disso, novas questões que precisam ser pacificadas para a continuidade no processo de aperfeiçoamento das instituições, das políticas públicas, das relações humanas, do mercado e do próprio direto, inseridos no processo de internacionalização.

Cada época, possui seus próprios desafios. Novos desafios, novas questões, exigem novas ações e novas respostas.

Nas relações de consumo por estar tão próxima de nossa condição humana de seres vivos e, portanto, de consumidores, exigirá por parte do Sistema Nacional de Defesa do Consumidor, implementação de medidas permanentes que utilizem todos os conhecimentos gerados na sociedade para proteger os consumidores.

Podemos lembrar de inúmeros dispositivos, existentes que, mesmo sem os conhecimentos que dispomos nos dias de hoje, já ofereciam um mínimo de proteção para os consumidores no tocante ao equilíbrio das liberdades e dos abusos de direitos protegendo os consumidores não somente contra os fornecedores, mas contra si mesmos.

Restrições no consumo de bebidas alcoólicas, cigarros, remédios e armas; jogos, além da regulação de substâncias químicas em produtos alimentícios, critérios para uso de agrotóxicos, medicamentos, produtos inflamáveis, políticas de concessão de créditos evitando o endividamento e até o superendividamento; restrições nas faixas etárias para certos entretenimentos, restrições por situações cognitivas, sensoriais e etárias para aquisição de veículos automotores enfim, poderíamos listar várias outras iniciativas que demonstram essa preocupação em proteger o consumidor contra suas próprias decisões.

Todas essas medidas condicionantes ou restritivas têm como ponto de equilíbrio a manutenção das liberdades individuais do consumidor em saciar o seu desejo de compra e os direitos da livre iniciativa em oferecer no mercado consumidor seus produtos e serviços utilizando para isso todas as formas de *marketing*, desde que essas relações não submetam o consumidor em uma desvantagem excessiva perante os fornecedores ao ponto de colocar em risco a sua própria vida, saúde e segurança e as dos demais indivíduos.

Quando analisamos essas questões no âmbito das neurociências, descobrimos que todas as normas vigentes, sem exceção, estão em consonância com as novas descobertas científicas sobre nosso comportamento de consumo. O que antes podíamos propor somente por meio de leis que se baseavam em pesquisas quantitativas e estatísticas de fatos corridos na sociedade, passou a ser auferido com melhor precisão pelas novas tecnologias, com a comprovação do nexo de causalidade dos danos, mensuração de riscos e sua respectiva responsabilização. O exemplo mais notório foi a exigência de informações, inclusive com uso de imagens, sobre doenças causados pelos cigarros nas embalagens do produto.

A veiculação de imagens chocantes e de alto impacto que causam sentimentos negativos, nas embalagens de cigarros é uma iniciativa pioneira no Brasil. Embora a questão tenha chegado até o Judiciário, sob alegação de que as imagens provocavam reações desproporcionais na mente dos consumidores elas são necessárias para contrabalancear os impulsos do consumidor, principalmente daqueles que já encontram-se sob o efeito do vício. A iniciativa trabalha com estudos semióticos e neurocientíficos. Não se trata de contrapropaganda, mas do dever de informar, fundamentados nos artigos 6º, 196, 197, da CF, e artigo 198, inciso II, artigo 220, inciso II e § 4º e artigo 6º, incisos I, II e VI, do CDC, contra as práticas comerciais que coloquem em risco a saúde e a segurança dos consumidores inclusive atuando de forma preventiva. Na perspectiva dessa lógica o ato de adquirir o objeto de desejo que no caso é o maço de cigarros o consumidor se depara com imagens de doenças que são causadas pelo consumo do produto. Esse processo vai causando uma associação na mente do consumidor que poderá criar mecanismos de repulsa com o tempo. Também tem efeito positivo na educação das crianças e dos adolescentes como também para aquelas pessoas que não são fumantes. Além, é claro, de despertar o senso de responsabilidade que o consumidor precisa ter sobre si mesmo e sobre os seus atos, o que é reclamado sistematicamente pelo setor de planos de saúde.

Esse é apenas uma demonstração dos mecanismos inteligentes que podem ser utilizados para a proteção e defesa do consumidor. Como nos conta Fernando Rodrigues (2015, p. 11),

> o aparecimento de novas tecnologias, como por exemplo, de neuroimagiologia, revelaram-se um fator fundamental para que alguns neurocientistas criassem uma proposta de um mapa mais detalhado do que antes fora um território totalmente misterioso, explicado de forma mais narrativa do que científica.

A economia comportamental, quebra com antigos paradigmas e rompe muitas barreiras que antes não eram possíveis de compreender. Esse conhecimento científico precisa ser utilizado pelo Estado na orientação de políticas públicas que melhorem a qualidade de vida das pessoas.

É inevitável um olhar atento na proteção e defesa dos consumidores, contra os abusos que poderão ocorrer por parte dos fornecedores, que no tratamento de volumes significativos de dados pessoais, criarão algoritmos, sob o binômio do "consumo-cultura" muito mais eficazes do que o binômio "consumo-economia" impondo um poder muito maior de persuasão e de riscos aos consumidores, inclusive pelos seus próprios atos. Claudia Lima Marques e Bruno Miragem, apresentam um panorama desse novo consumidor do século XXI, considerado pelos autores como *homo economicus et culturalis*.

Escrevem os autores:

> este é um consumidor, um agente econômico ativo no mercado e na sociedade de consumo (de crédito e endividamento), e ao mesmo tempo persona com identidade cultural específica e diferenciada pela cultura de sua nação, seu mercado, sua língua e interesses locais. Um sujeito mais ciente de seus direitos e de seu papel na sociedade global e local, mas cada vez mais vulnerável perante os fornecedores (MARQUES e MIRAGEM, 2012, p. 203).

Inevitável será para compreendermos as novas relações de consumo, o entendimento do dinamismo das novas tecnologias e da posição do consumidor nesse processo de mudança. A conquista do *status* de sujeito de direitos, não retira a sua vulnerabilidade. Existe o risco permanente do sujeito de direitos se tornar sujeitado ao consumo.

A produção neurocientífica é rapidamente assimilada pelo mercado e os fornecedores passam a utilizar todo esse conhecimento na publicidade o que infelizmente não ocorre com a mesma velocidade com as políticas públicas de defesa do consumidor. Além disso o poder de influência, neurossensorial, é muito eficiente e a busca por algoritmos, para estimular o nosso inconsciente produz armadilhas cognitivas de difícil identificação. Em nossa mente, interagem bilhões de neurônios, cujos mecanismos ainda não dominamos e onde estão situados muitos processos decisórios, carências afetivas, necessidades vitais, inclinações e tendências e que vão além de nossa capacidade de controle consciente. Estamos diante de novos mecanismos cognitivos que produzem benefícios econômicos, mas que podem colocar em risco à vida saúde e segurança, quando utilizados de forma inescrupulosa, manipuladora e até mesmo discriminatória, deixando o consumidor hipervulnerável, perante as artimanhas do *marketing*.

As áreas de *marketing* por meio de altos investimentos, colocam em atividade todos esses artifícios deixando o consumidor, cada vez mais vulnerável mesmo que este, já esteja mais consciente da abusividade e enganosidade praticadas pelo mercado.

Reforçamos que esse novo *marketing* ou *neuromarketing* atua em nosso inconsciente o que dificulta a nossa resistência consciente e racional de reação. O *neuromarketing* despertou o mercado para a redescoberta de que os consumidores são acima de tudo seres humanos e, portanto, sujeitos à inúmeras inclinações, tendências e emoções.

Isso pressupõe uma atuação do *marketing* sobre os aspectos culturais, fisiológicos, biológicos e genéticos do *homo sapiens* que no dizer de Kotler "apesar de seus maiores níveis de curiosidade e conhecimento, eles não estão no controle do que desejam comprar" (KOTLER, 2017, p. 40), e ficam susceptíveis as influências causadas por estímulos que atuam em seus sentimentos.

Para Harari, nossa vida social tem muito mais relação com que sentimos do que com o que pensamos. Em sua explicação "sentimentos são mecanismos bioquímicos que todos os mamíferos e todas as aves usam para calcular probabilidades de sobrevivência e reprodução" (HARARI, 2018, p.72-73). Ora não existe nada mais profundo nos seres vivos do que o instinto natural de manutenção da vida. Esses instintos apresentam-se sobre diversas formas em nosso inconsciente e por serem inerentes a vida de um ser vivo, revelam informações íntimas, muitas vezes desconhecidas por nós mesmos.

Afirma Harari (2018, p. 74) que "por um lado, biólogos estão decifrando os mistérios do corpo humano, particularmente do cérebro e dos sentimentos. Ao mesmo tempo cientistas da computação estão nos dando um poder de processamento de dados sem precedente". O autor apresenta alguns fatos corriqueiros presentes em nosso dia a dia que ilustram bem como esses processos nas tomadas de decisões estão ocorrendo orientados pelas tecnologias da informação e comunicação: "Atualmente confiamos na Netflix para escolher filmes, e no Google Maps para decidir se viramos à direita ou à esquerda" (HARARI, 2018, p.82). Os consumidores chegarão facilmente a uma encruzilhada onde não saberão mais distinguir em até que ponto, estão sendo monitorados, influenciados, discriminados, dirigidos, direcionados, sujeitados e porque não prejudicados.

Não saberão mais se as opções de compra e as ofertas oferecidas são somente as que são informadas ou se existem outras opções e ofertas omitidas que seriam melhores e mais vantajosas.

Não saberão se algoritmos produzidos pelo conhecimento de sua pessoa, serão orientadores ou manipuladores de informação que desejam que você assimile.

O que nos parece apenas uma aplicação tecnológica para facilitação de processos já existentes, na sociedade em rede poderão, facilmente persuadir, sugerir, orientar, influenciar e até mesmo manipular nosso comportamento de consumo.

Fica claro que não se trata de restringir a livre iniciativa e o atrasar o desenvolvimento econômico, tecnológico e científico do país, como querem fazer crer os críticos do sistema protetivo do consumidor, muito ao contrário disso, precisamos incentivar a modernização da sociedade, mas proteger a dignidade do consumidor contra abusos que ocorrerão, por fazer parte da própria dinâmica econômica. Devemos garantir o direito à informação e reprimir a manipulação, em cenários complexos, chamados por (Zuffo, 1997) de *infoera*[15] onde o consumo e a vida cotidiana passarão a ser afetados e caberá aos legisladores e intérpretes da lei, conhecimentos técnicos apurados para implementar uma tutela, mais inteligente para regular as relações de consumo.

7. O *NEUROMARKETING* E A BUSCA PELOS DADOS PESSOAIS DO CONSUMIDOR PARA A CRIAÇÃO DE ALGORITMOS

O *neuromarketing* tem suas ações focadas nos estados mentais dos consumidores. Com tecnologias que extraem dados informacionais de todos os nossos comportamentos, inclusive os sinais identificáveis de homeostase por qualquer meio semiológico. A mineração desses dados, seu tratamento e análise possibilitam o desenvolvimento de algoritmos de precisão que revelam muitas informações sobre nós.

O que antes ficava restrito aos consultórios médicos, aos terapeutas e psicólogos, agora pode ser revelado pelos algoritmos produzidos pelo tratamento das informações capturadas e coletas por diversos mecanismos interativos.

Esses algoritmos são criados para geração de estímulos que tem como alvo os nossos sentidos. A visão, audição, paladar, olfato e tato, são as janelas de abertura para nossa comunicação com o mundo. O *neuromarketing* aproveita esse processo comunicativo sensorial natural para impulsionar gatilhos mentais que serão influenciadores de nossas escolhas e decisões.

Importante reforçar que no *neuromarketing*, as novas tecnologias de informação e comunicação, ampliam e estendem os sentidos. Existe um aproveitamento de informações mais complexas de somestesia.

---

15. Infoera, termo utilizado pelo Professor João Antonio Zuffo do Departamento de Eletrônica do departamento de engenharia elétrica da POLI-USP.

Todo a percepção que é capturada pela nossa mente nos dá um senso de realidade. O *neuromarketing* busca alcançar esse senso de realidade, no binômio do "entender-atender" o consumidor trabalhando a realidade percebida em favor do consumo.

Entender o consumidor é bem diferente de atender o consumidor. Quando os fornecedores passam a entender o consumidor, o poder de influência e persuasão é maximizado, suprimindo-se resistências por parte do consumidor devido ao poder informativo que advém dos conhecimentos apropriados sobre nossas emoções, motivações e sentimentos.

Existem diferenças básicas e relevantes sobre algumas terminologias que muitas vezes são usadas no mundo jurídico de forma descuidada, como por exemplo, emoção, motivação, sentimentos etc., quando na verdade os termos indicam circunstâncias bem distintas.

Quando tecnologias interativas buscam captar emoções, na verdade estão minerando dados informativos de grande variedade que serão importantes para o direcionamento dos nossos comportamentos. As emoções nos motivam e essas motivações, portanto, são insumos importantes para a criação e produção da publicidade.

Os dados capturados sobre nossas emoções são importantes para alcançar algoritmos que geram uma comunicação mais assertiva e direcionada para o consumidor e quando esses dados são utilizados de forma ética e com responsabilidade poderão produzir benefícios para ambas as partes da relação de consumo. Porém os riscos de desvios, merecem um olhar atento por parte da Administração Pública, no intuito de proteger os consumidores contra a utilização indiscriminada desses dados o que pode inclusive, induzir o consumidor a erro e colocar com isso, em risco sua vida, saúde e segurança.

Importante para exemplificar a questão, com o caso que está sub judice, na ACP – Ação Civil Pública em que o IDEC – Instituto de Defesa do Consumidor, move contra a Concessionária Via Quatro do Metrô de São Paulo.

Nessa ação, questiona-se que emoções básicas como raiva, medo, nojo, surpresa, alegria e tristeza, são capturadas por *"câmeras interativas digitais"*, nome atribuído as tecnologias que foram instaladas em portas de acesso aos trens, em algumas estações, na Linha Amarela que está sob concessão para a empresa Via Quatro, para fins comerciais.

Segundo a ação, as tecnologias instaladas capturam sem o consentimento dos usuários, dados biométricos que possam produzir algoritmos indicativos, preditivos para fins comerciais de *marketing*.

Geralmente são câmeras que usam tecnologias constituídas de *"face coding"* e *"body language"* e os algoritmos produzidos buscam alcançar estados mentais mais próximos possíveis de nossos sentimentos.

No Brasil os dados biométricos compõem os chamados dados pessoais sensíveis, protegidos conforme determina o artigo 5º, inciso II, da Lei 13.709/2018, e, portanto, sua captura está sujeita ao consentimento do usuário.

A questão do consentimento nos interessa sobre diversos aspectos. A primeira questão é sobre o ato de consentir. Para que o ato jurídico do consentimento seja válido ele deverá estar isento de vícios de consentimento, o que na doutrina, é conhecido como defeitos dos atos jurídicos como o erro, a coação, a fraude e a lesão e que, portanto, invalidam os atos.

O consentimento deve ser sempre livre, esclarecido e com informação adequada para que o consumidor no domínio de sua vontade possa manifestar-se sobre o "sim" e sobre o "não". Qualquer interferência na liberdade do consumidor em consentir sobre seus dados pessoais, poderá ensejar na nulidade do ato. Ocorre que esse não será a principal questão que exigirá a atenção do Sistema Nacional de Defesa do Consumidor, pois ter ou não ter a consentimos do consumidor parece ser uma questão muito clara da legislação e fácil de responsabilização para aqueles que violarem esse dispositivo.

As maiores controvérsias, em que pese a existência de opiniões contrárias, versarão sobre casos consentidos, pois a partir da coleta, é que se inicia todo o relacionamento com o consumidor, isso porque será a partir de então que poderão surgir os desvios de finalidade e os abusos.

Outro ponto importante é quanto à necessidade do mercado em capturar dados, que revelem comportamentos preferencialmente inconscientes, inesperados, espontâneos do consumidor, e para isso, o ideal é que ele não tenha consciência de que seus dados estejam sendo capturados. É uma questão puramente psicologia que influencia o modo de agir dos seres humanos. Para alcançar esse grau de espontaneidade, o ideal é que o consumidor não saiba que está sendo monitorado, mas para isso provavelmente essa captura estará isenta do consentimento do consumidor e, portanto, será ilegal.

Existe uma diferença muito grande quando o consumidor tem a ciência que seus dados estão sendo capturados ou coletados, do que quando ele não tem consciência. O consentimento informado torna público esse ato de coleta influenciando o comportamento do usuário. Em outras palavras quando sabemos que estamos sendo monitorados, nossas reações, gestos, expressões se alteram, e o mercado deseja a sua revelação mais próxima da espontaneidade. Estamos falando de revelações de estados mais profundos de consciência dos seres humanos, para a produção de algoritmos mais próximos dos nossos sentimentos.

Haverá uma disputa mercadológica por captura de dados pessoais que se aproximam ao máximo de nosso comportamento inconsciente e de nossa maneira de reação espontânea aos estímulos sensoriais, sendo justamente o consentimento informado, que seria a forma adequada, ética e legal de se alcançar a permissão do consumidor para essa captura que comprometera a espontaneidade do consumidor pela consciência de estar sendo vigiado, monitorado, analisado, avaliado etc. A dinâmica e os efeitos são os mesmos utilizados na comunicação feita por meio da famigerada frase: "*sorria você está sendo filmado*".

Para os consumidores o ponto central de toda essa questão é que os fornecedores necessitam do maior volume possível de dados e o consumidor, por sua vez precisa de informações claras e precisas para dar o seu consentimento, balanceando os benefícios e malefícios dessa autorização.

O mercado necessita dos dados mais próximos possíveis dos sentimentos humanos e com isso surge no capitalismo a necessidade de vigilância do consumidor e terá que digitalizar ao máximo sua vida para poder usufruir de todas as novidades e facilidades tecnológicas e para essa conquista serão utilizados uma diversidade de estímulos, incentivos e recompensas em troca dos nossos dados pessoais.

No caso da ACP, o consumidor não tinha consciência de que estava sendo monitorado, pouco importando para nós se nesse momento os dados seriam capturados ou apenas medidos em audiência *realtime*. O que nos interessa, em termos jurídicos é o consentimento do consumidor.

Julgamos oportuna essa reflexão embora não seja o objeto em questão na ACP, apenas um desdobramento científico do que ocorre nesse conflito de interesses, porque a partir de agora as relações de consumo, terão novos mecanismos de convencimento e de barganha entre os fornecedores e consumidores. Mecanismos criativos para obter o consentimento do consumidor serão desenvolvidos e utilizados, como por exemplo amostra grátis, degustação, acessos a áreas exclusivas, ofertas especiais etc., pra que se consiga com isso o *click* ou o *consentimento* Estamos iniciando uma nova etapa nas relações de consumo que serão muito mais conectadas com os nossos sentimentos do que com os nossos pensamentos.

Nessa nova fase o ser humano, *homo sapiens* em sua complexidade composto de sentimentos, desejos e emoções que reage aos estímulos provocados pelas interações sociais em sua espontaneidade será o grande desejo do *marketing* para os próximos anos.

8. A UTILIZAÇÃO DE INTELIGÊNCIAS COMPORTAMENTAIS EM DISPOSITIVOS LEGAIS NA PROTEÇÃO E DEFESA DOS INTERESSES DO CONSUMIDOR

A primeira iniciativa legal a buscar inteligências criadas com base nas pesquisas de comportamentos econômicos e neurocientíficos do consumidor no Brasil, encontra-se na Portaria 618 de 1º de junho de 2019, de iniciativa do Ministério da Justiça e Segurança Pública.

A Portaria 618, disciplina procedimentos a serem adotados pelos fornecedores, quanto à exigência de processos comunicativos, estabelecendo como princípio a eficiência dos mecanismos comunicacionais para que se alcance os efeitos e resultados esperados na sociedade.

A iniciativa do executivo, mais precisamente da Secretária Nacional do Consumidor (SENACON) é cumprir o que determina o artigo 37, da Constituição Federal, sobre o dever de eficiência da administração pública na manutenção do equilíbrio nas relações de consumo, atendendo as determinações do artigo 4º, do Código de Defesa do Consumidor.

As relações de consumo, são antes de tudo, relações sociais que nascem por meio de alguma comunicação que é parte fundamental da existência e da formação dos vínculos humanos e, portanto, de consumo.

A comunicação humana sempre foi importante para a humanidade, na economia ela exerce forte influência sobre o mercado. Ao comentar sobre a formação do Sistema Nacional de Defesa do Consumidor, Marcelo Gomes Sodré (2007 p. 49), ensina que "o desenvolvimento dos meios de comunicação também permitiu a ampliação da publicidade de produtos e serviços, o que modificou as aspirações de consumo das pessoas, fazendo com que se ampliassem a bases da sociedade de consumo", com isso as práticas comerciais ganharam uma capacidade enorme de extensão e expansão na conquista de consumidores.

Se por um lado os fornecedores ganharam espaços para expansão e extensão, por outro o número de consumidores expostos aos riscos causados pelos produtos e serviços desses fornecedores também aumentou significativamente na sociedade. Foi preciso a criação de mecanismos que possibilitassem uma certa comunicação entre as partes, mesmo após a relação de consumo ter sito consolidada, para que a informação de relevância, que protege o consumidor contra os riscos a sua vida, saúde e segurança, pudesse continuar chegando ao consumidor, dando-lhe uma proteção mais efetiva.

A Lei 8.078/90, em seu artigo 10, §§ 1º e 2º, impõe aos fornecedores a obrigatoriedade de uma comunicação clara e objetiva sobre os riscos à vida, a saúde e a segurança decorrentes de produtos ou serviços colocados no mercado. O objetivo primordial dessa comunicação é evitar ou atenuar os efeitos prejudiciais que possam ser causados. Segue-se o racional da minimização dos danos com a maximização da comunicação. São os chamados *recall*.

Quando promulgada a Lei 8.078/90, os meios midiáticos que melhor atendiam às determinações impostas pela lei, quanto ao *recall*, eram os constantes no § 2º, do artigo 10, que elenca como a imprensa, rádio e televisão. Uma questão que se coloca hoje em dia é a possibilidade ou não da utilização de outros meios de comunicação para esse tipo de comunicação.

O legislador na época, ao determinar de forma taxativa os três meios para a comunicação buscou evitar interpretações reducionistas por parte do fornecedor para a veiculação dos comunicados e determinou de forma taxativa a obrigação de veiculação nos meios de maior cognição perceptiva por parte do consumidor e os mais onerosos financeiramente para a época impedindo, que sobre qualquer pretexto, os fornecedores evitassem a veiculação das comunicações por esses meios, negligenciando de alguma forma a finalidade precípua desse dispositivo que é a proteção à vida, a saúde e segurança dos consumidores.

Passados trinta anos, a situação se alterou completamente. Passamos a viver uma revolução nos meios de comunicação. As novas possibilidades criadas pela Tecnologias de Informação e Comunicação – TICs, abriram a conectividade permanente, onde os dispositivos móveis com acesso à internet se tornaram os meios de comunicação mais importantes e mais acessados e inclusive fizeram com que a imprensa, o rádio e a TV, migrassem para a internet, no fenômeno chamado de convergência.

Esse processo de convergência, também modificou as formas de comunicação entre os fornecedores e consumidores. Assim sendo, tonou-se urgente a implementação de novos mecanismos que possam estar à altura dessa nova realidade no intuito de manter os níveis de eficiência na Política Nacional das Relações de Consumo, na proteção e defesa do consumidor, conforme descrito no artigo 4º, da Lei 8.078/90, no que diz respeito à dignidade, saúde e segurança.

Nesse sentido a Portaria 618 de 1º de julho de 2019, buscando atender a finalidade última do sistema que é a proteção efetiva dos consumidores, inovou ampliando as possibilidades do dever de comunicação, compreendendo que os novos mecanismos criados pelas TICs não só aperfeiçoaram os meios que existiam como também possibilitaram muitos outros canais de comunicação entre os consumidores e fornecedores, isso sem falar, as inúmeras possibilidades criadas pelos dados coletados e capturados dos consumidores, além do uso de conhecimentos neurocientíficos, utilizados na experiência do consumidor quando da aquisição do produto ou do serviço e que podem com maior efetividade, atender os chamados de *recall*.

Com isso a Portaria 618/2019, busca dar maior eficiência na comunicação do *recall*, exigindo dos fornecedores, quando a questão envolver riscos à vida, saúde e segurança dos consumidores, planos de comunicação que utilizem diversos mecanismos, contemplando as novas realidades midiáticas e não somente as existentes da Lei 8.078/90. Espera-se com isso alcançar maiores níveis de assertividade na e eficiência na minimização dos riscos e prejuízos.

Passa-se exigir dos fornecedores o emprego dos mesmos meios persuasivos e influenciadores que ele empregou para conquista e venda, mas agora, como imposição legal no *recall*.

Diferentemente dos anos passados, o fornecedor agora detêm um conhecimento apurado sobre os hábitos e comportamentos do consumidor e usa esses algoritmos para a melhoria da sua comunicação com o cliente para as ofertas, nada mais justo e ético que ele utilize também esses mesmos dados para a comunicação com os mesmos clientes no pós venda e nas situações que apresentem riscos para a saúde e segurança dos consumidores, nos termos do artigo 8º, da Lei 8.078/90.

Sob essa lógica, a Portaria, apresenta um dispositivo específico para esse regramento, que está contido no Parágrafo Único, do artigo 5º, que obriga os fornecedores a considerar no plano de atendimento a comunicação com aplicação de indutores (*insights*) comportamentais ao consumidor.

A utilização da expressão indutores (*insights*) comportamentais, possibilita a Administração Pública, exigir dentro de um plano comunicativo, as melhores opções técnicas para que a informação efetivamente chegue ao conhecimento do consumidor, com a utilização de novos sistemas midiáticos e com o emprego de analises comportamentais, geradas por dados coletados ou capturados durante a jornada e experiência dos consumidores, aumentando com isso, os efeitos cognitivos da comunicação. Pois se os futuros consumidores como alertou Kotler (2017, p. 41), serão "conectados, mas distraídos", e portanto, as ações do Estado deverão seguir esses indicadores sociais cognitivos para que com métodos eficientes, possam minimizar os riscos e maximizar a segurança, alcançando a atenção do consumidor para a mensagem que precisa ser percebida para gerar os efeitos esperados e resguardar a sua própria saúde e segurança.

Além disso, a Portaria 618/2019, impõe de certos cuidados quanto a forma da comunicação que será direcionada para a sociedade, sem exigir um plano único e fechado, mas deixando a elaboração de um plano comunicativo aberto para que os fornecedores possam apresentar aos Órgãos Públicos as melhores ações, conforme o caso concreto.

Não se trata de uma assimetria paternalista, mas de uma busca pela eficiência em meio ao dinamismo do mercado e que encontra respaldo no inciso IV, do artigo 106, do

Código de Defesa do Consumidor, que trata do Sistema Nacional de Defesa do Consumidor em que a Administração Pública pode "Informar, conscientizar e motivar o consumidor através dos diferentes meios de comunicação", possibilitando assim, a utilização do que for mais adequado e eficiente como meio de comunicação e informação, para que ele possa tomar ciência do alerta.

Demonstra-se assim, a importância da fase cognitiva nas relações de consumo e de como os regramentos comunicativo e semióticos da informação tornaram-se importantes para a vida dos consumidores. Em resumo visa-se reproduzir a mesma eficácia dos efeitos influenciadores que foram utilizados para persuasão da venda, mas agora empregados no pós-consumo, para resguardar a saúde e segurança do consumidor.

9. CONSIDERAÇÕES FINAIS

Em nossa reflexão apresentamos um histórico sobre os aspectos econômicos da defesa do consumidor.

Discorremos sobre as narrativas econômicas do *empowerment* e da *vulnerability* e seus principais argumentos interpretativos usados tanto por fornecedores e consumidores nos últimos 30 anos.

Estamos agora num momento de transição em que os princípios da paridade material; reparação; licitude; veracidade; transparência; continuidade; variedade, conforme já determinava a Política de Consumidores na União Europeia[16] (FROTA, 2003, p.15) e as medidas do Parlamento Europeu para uma "Europa Social" merecem ser aprofundadas sob as novas perspectivas do mundo do relacionamento e da conectividade digital em meio da IoT – *Internet of Things*.

Não podemos descuidar do escopo principal, mesmo que pretencioso a ser alcançado pela comunidade mundial em "viver uma vida saudável; em absoluta segurança; e com inteira confiança nos produtos e serviços a que acedem" (FROTA, 2007, p.148) e mesmo cientes das dificuldades dessa realização principalmente por desvios éticos que desencadeiam práticas comerciais abusivas direcionados somente para o lucro, terão as instituições públicas um papel fundamental na preservação da dignidade humana e na garantia de que todo o conhecimento que está sendo gerado por meio de volumetrias infinitas de dados possam ser utilizados para a melhoria da qualidade de vida das pessoas.

O *marketing* sob a perspectiva do conhecimento aprofundado na experiência do consumidor e de suas expectativas da jornada de compra é ambíguo e apresenta como apontado por José Geraldo Brito Filomeno, uma

> faceta ética da ciência do *marketing*, para a plena harmonização dos interesses das duas partes envolvidas nas "relações de consumo". E com efeito, deve-se destacar a atitude desejável da parte das empresas no sentido de que, em análise profunda dos comportamentos dos consumidores, perfil, psicológico, sociológico, enfim, toda a complexidade de psicossomática do ser humano, inclusive crenças e hábitos,

---

16. FROTA, Mario. *Política de Consumidores na União Europeia:* o acervo do direito europeu do consumo. Coimbra, Portugal: Almedina, 2003.

instruam seu pessoal de *marketing* no sentido de evitar toda sorte de exploração perniciosa e aética de tais facetas comportamentais (FILOMENO, 2005, p. 36).

Mas não podemos esperar que o mercado possa assumir esse compromisso ético.

Como bem salienta Eros Roberto Grau (1998, p.79), "uma nova realidade, reclama um novo direito", como por exemplo com a inclusão da proteção dos dados pessoais na Constituição Federal como direito humano fundamental, mas que somente isso não basta será necessário ainda novas técnicas interpretativas que também acompanhem esse dinamismo social, sempre em busca da harmonização dos direitos em conflito.

O consumidor terá a árdua missão de decidir por meio de sua capacidade cognitiva e em nome da eficiência e das facilidades que os novos produtos e serviços oferecem a vontade livre de se manifestar sobre a vontade de abrir mão de sua privacidade, colocando sob ameaça e risco a sua dignidade em troca das ofertas do mundo do consumo que inegavelmente, poderá oferecer muitos benefícios e conforto.

Diante disso serão exigidos dos legisladores e dos operadores do Direito, habilidades interpretativas, principalmente aquelas que conciliem direitos e princípios, pois essa será uma tendência nos conflitos de consumo. Uma solução para este embate é a apresentada por Luís Roberto Barroso, em um excelente artigo sobre a colisão de direitos fundamentais e critérios de ponderação, que muito bem se aplica nesse caso, em que ele afirma que "a colisão de princípios constitucionais ou de direitos fundamentais não se resolve mediante o emprego dos critérios tradicionais de solução de conflitos de normas, como hierárquico, o temporal e o da especialização". Ele considera que em tais hipóteses, "o intérprete constitucional precisará socorrer-se da técnica da ponderação de normas, valores ou interesses, por via da qual deverá fazer concessões recíprocas entre as pretensões em disputa, preservando o máximo possível do conteúdo de cada uma" (BARROSO, 2007, p. 98-99). Essa técnica muito bem estruturada, por Luís Roberto Barroso, atende às determinações expressas no inciso III, do artigo 4º, do Código de Defesa do Consumidor, pois atua "*ponderando*" os interesses em jogo, pois serão, na maioria das vezes, colisões de direitos fundamentais.

Como enfatiza José Geraldo Brito Filomeno (2011, p. 73), "quando se fala em política nacional de relações de consumo, por conseguinte, o que se busca é a prolatada "harmonia" que deve regê-las a todo o momento" com os princípios norteadores, derivados dos direitos fundamentais, existentes nas democracias mais consolidadas e que encontram-se presentes em nossa Constituição Federal.

Não temos dúvidas que as grandes questões que balizarão as relações de consumo para os próximos anos orbitará em torno da comunicação e de seus mecanismos e técnicas de *marketing* no ambiente que mistura internet das coisas e neurociência, em que as regulamentações precisarão harmonizar dos princípios e valores numa nova sociedade que atravessa níveis de conectividade que vão da *conectividade móvel*, para *conectividade experiencial* até a *conectividade social* (KOTLER, 2017, p. 36-37) onde "tudo parece caminhar em busca da conexão entre a Internet e o cérebro" (STIBEL, 2018, p. 143) apresentando uma nova "sociedade da mente" (MINSKY,1989, p. 20) em que as técnicas comunicativas terão uma importância fundamental, antes, durante e depois do consumo criando um relacionamento permanente entre consumidores e fornecedores.

Não temos dúvidas de que o *recall* ganhará espaços cada vez maiores na sociedade complexa e de riscos da qual vivemos. Como explica Filomeno "o chamado recall, no nosso entendimento, complementa o rol dos instrumentos de *marketing* de defesa do consumidor e da harmonização dos interesses fornecedor/consumidor" (FILOMENO, 2005, p. 39).

Entramos na fase da revolução nas técnicas de *marketing* com a coleta e captura de dados pessoais, que abastecerão as empresas com dados sobre nossos estados mentais, mas em que, na previsão de Yuval Noah Harari (2018, p. 107), "a primeira vítima será a própria indústria da publicidade" que ficará obsoleta pelo novo modo de consumo que de forma disruptiva, não necessitará mais esse terceiro na jornada do consumo.

Essa ambiguidade, incerteza, complexidade e volatilidade são características próprias no nosso momento histórico da pós-modernidade. Mas o que virá depois da pós modernidade?

Filiamo-nos às palavras de Claudia Lima Marques e Bruno Miragem, que consideram que "a pós-modernidade é um jogo de palavras, um conceito aberto, para alguns até mesmo inexistente, uma moda, "*postis*" como afirma Habermas" (MARQUES e MIRAGEM, 2012, p.126). Sob a perspectiva de que o momento atual de crise é de mudança, de que a sua realidade supera qualquer expectativa e seus reflexos no direito não podem ser mais negados, eles apresentam uma nova ideia, provinda dos pensadores europeus, que estão a "denominar este momento de rompimento *Umbruch*, de fim de uma era e de início de algo novo, ainda não identificado" (MARQUES e MIRAGEM, 2012, p.126).

Diante destas novas circunstâncias, muita coisa deixará de existir ao mesmo tempo que muitas outras estarão por vir na dinâmica disruptiva. Como serão as expectativas para os próximos trinta anos, para a defesa do consumidor? não sabemos ainda, mas um indicador já temos, de que, bem diferente do passado, nossa sobrevivência dependerá muito mais de nosso esforço interpretativo do que do esforço físico e os produtos e serviços que passaremos a consumidor exigirão muito mais do nosso sistema cognitivo, interpretativo da realidade.

10. REFERÊNCIAS

ANDRADE, Vitor Morais. *Sanções administrativas no Código de Defesa do Consumidor*. São Paulo: Atlas, 2008.

ARIELY, Dan. *Predictably Irrational:* The hidden forces that shape our decisions, Harper. New York: Collins Publishers, 2008.

BARROSO, Luís Roberto. Liberdade de expressão versus direitos da personalidade. Colisão de direitos fundamentais e critérios de ponderação. SARLET, Ingo Wolfgang (Org.). Porto Alegre: Livraria do Advogado. Ed. 2007.

BAUMAN, Zygmunt. *A Ética é possível num mundo de consumidores?* Trad. Alexandre Werneck, Rio de Janeiro: Zahar, 2011.

CAMARGO, Pedro Celso Julião de. *Neuromarketing:* a nova pesquisa de comportamento do consumidor. São Paulo: Atlas, 2016.

COLAPIETRO, Vicent Michael. *Peirce e a abordagem do self*: uma perspectiva semiótica sobre a subjetividade humana. Trad. Newton Milanez. Apresentação de Cecilia Almeida Salles. São Paulo: Intermeios, 2014.

DAWAR, Niraj. *Empresa focada no cliente*: mude a estratégia do produto para o cliente. tradução Alessandra Mussi Araújo. Rio de Janeiro: Elsevier, 2014.

FILOMENO, José Geraldo Brito. *Curso fundamental de direito do consumidor.* São Paulo: Atlas, 2007.

FILOMENO, José Geraldo Brito. *Manual de direitos do consumidor.* 8 ed. São Paulo: Atlas, 2005.

FROTA, Mario. *Política de consumidores na União Europeia*: O acervo do direito europeu do consumo. Coimbra, Portugal: Almedina, 2003.

FROTA, Mario. *Direito europeu do consumo*: reflexo das políticas de consumidores da União Europeia. Curitiba, Brasil: Juruá Editora, 2007.

GALBRAITH, John Kenneth. *A sociedade justa*: uma perspectiva humana. Trad. Ivo korytowski. Rio de Janeiro: Campus, 1996.

GRAU, Eros Roberto. *O direito posto e o direito pressuposto.* São Paulo: Malheiros Editores Ltda, 1996.

HARARI, Yuval Noah. *21 lições para o século 21*. Trad. Paulo Geiger. São Paulo: Companhia das Letras, 2018.

KAHNEMAN, Daniel. *Rápido e devagar*: duas formas de pensar. Trad. Cássio Arantes Leite. Rio de Janeiro: Objetiva, 2012.

KOTLER, Philip. KARTAJAYA, Hermawan. SETIAWAN, Iwan. *Marketing 3.0.* Trad. Ana Beatriz Rodrigues. Rio de Janeiro: Elsevier, 2010.

KOTLER, Philip. KARTAJAYA, Hermawan. SETIAWAN, Iwan. *Marketing 4.0.* Trad. Ivo Korytowski. Rio de Janeiro: Elsevier, 2017.

LEVITT, Theodore. *A Imaginação de marketing.* Trad. Auriphebo Berrance Simões e Nivaldo Montingelli. 2 ed. São Paulo: Atlas, 1990. V. 2.

MINSKY, Marvin. *A sociedade da mente.* Trad. Wilma Ronald de Carvalho. Rio de Janeiro: Francisco Alves, 1989.

MIRAGEM, Bruno. *Abuso do direito*: ilicitude objetiva e limite ao exercício de prerrogativas jurídicas no direito privado. 2. ed. rev., atual. e ampl. São Paulo: Ed. RT, 2013.

GRINOVER, Ada Pellegrini et al. *Código Brasileiro de Defesa do Consumidor*: comentado pelos autores do anteprojeto. 10. ed. rev., atual. e reform. Rio de Janeiro: Forense, 2011. v.1, Direito Material (arts. 1º a 80 e 105 a 108).

RODRIGUES, Fernando. *Princípios de neuromarketing*: neurociência cognitiva aplicada ao consumo, espaços e design. Viseu: Portugal, Psicosoma, 2015.

SANTAELLA, Lucia. WINFRIED, Nöth. *Estratégias semióticas da publicidade.* Cengage Learning Edições Ltda. São Paulo: 2010.

SODRÉ, Marcelo Gomes. *Formação do sistema nacional de defesa do consumidor.* São Paulo: Ed. RT, 2007.

SOUZA, Carlos Affonso Pereira de. *Abuso do direito nas relações privadas.* Rio de Janeiro: Elsevier, 2013.

STIBEL, Jeffrey M. *Conectado pelas ideias*: como o cérebro está moldando o futuro da internet. Com colaboração de Erik Calonius e Peter Delgrosso. Trad. Marcia Nascentes. São Paulo: DVS Editora, 2012.

THALER, Richard H. *Misbehaving*: a construção da economia comportamental. Trad. George Schlesinger. Rio de Janeiro: Intrínseca, 2019a.

THALER, Richard H. *Nugde*: como tomar melhores decisões sobre saúde, dinheiro e felicidade. Trad. Ângelo Lessa. Rio de Janeiro: Objetiva, 2019b.

WADA, Ricardo Morishita. DE OLIVEIRA, Fabiana Lucia (Org.). *Direito do consumidor*: os 22 anos de vigência do CDC. Rio de Janeiro: Elsevier: FGV, 2012.

ZUFFO, João Antonio. *A Infoera*: o imenso desafio do futuro. São Paulo: Editora Saber Ltda, 1997.

A IMPORTÂNCIA DA PLATAFORMA CONSUMIDOR.GOV.BR PARA A SOLUÇÃO ALTERNATIVA DE CONFLITOS

Flávia de Carvalho Silveira

Graduanda em Direito pelo Instituto Brasiliense de Direito Público. Estagiária da Secretaria Nacional do Consumidor.

Isabela Maiolino

Mestranda na Faculdade de Direito da Universidade de Brasília (UnB). Bacharela em Direito pelo Instituto Brasiliense de Direito Público. Assessora Técnica do Secretário Nacional do Consumidor.

Luciano Benetti Timm

Doutor em Direito pela Universidade Federal do Rio Grande do Sul (2004). Mestre (1997) e Bacharel (1994) em Direito pela PUC-RS. Cursou Master of Laws (LL.M.) na Universidade de Warwick (Inglaterra) e realizou pesquisa de Pós-Doutorado na Universidade da Califórnia, Berkeley (Estados Unidos). Professor da UNISINOS, da FGV-SP e do CEDES, Professor convidado da AJURIS e da EMAGIS, Professor visitante do PPGD da USP. Ex-Secretário Nacional do Consumidor, no Ministério da Justiça e Segurança Pública.

Sumário: 1. Introdução. 2. Contexto da justiça brasileira. 3. Métodos alternativos de solução de conflitos e plataformas digitais de solução de disputas ("ADR"). 4. A plataforma "consumidor.gov.br" como promotora da desjudicialização. 5. Conclusão. 6. Referências.

1. INTRODUÇÃO[1]

O período que se seguiu a promulgação da Constituição Federal de 1988 e, em seguida, a entrada em vigor do Código de Defesa do Consumidor, foi marcado por uma visível melhora do bem-estar do consumidor, decorrente da estabilização de preços promovida pelo Plano Real, da abertura da economia e da adoção de uma política antitruste efetiva a partir da aprovação da Lei 8.884/94. Como consequência, o consumidor passou a ter uma maior oferta de bens e serviços, e o mercado passou a ter um consumidor mais participativo na economia.

No entanto, se antes uma das principais dificuldades era a inexistência de concorrência e, como consequência, a falta de acesso real ao mercado de consumo, passou-se a ter novos obstáculos à obtenção do bem-estar do consumidor: a infraestrutura e a oferta

---

1. Parte da introdução já foi publicada pelos autores na introdução do livro "Direito do Consumidor: novas tendências e perspectiva comparada" (MAIOLINO, TIMM, 2019).

de serviços não acompanharam o crescimento da demanda. Além disso, a regulação de mercados e serviços não foi suficiente para garantir, de forma eficaz, o cumprimento da legislação consumerista.

No âmbito dos atuais desafios enfrentados pelo Brasil, existem problemas específicos, sendo o maior deles, talvez, o alto desrespeito ao consumidor e a consequente judicialização das relações de consumo. Evidência desse problema é encontrada no relatório "Justiça em Números 2018", elaborado pelo Conselho Nacional de Justiça (CNJ), que mostrou que o direito do consumidor foi o assunto mais demandado em 2017 no juizado especial.

Além do desrespeito ao consumidor por fornecedores, é possível elencar algumas causas para esse alto nível de judicialização: a pouca cooperação entre as agências reguladoras e os integrantes do Sistema Nacional de Defesa do Consumidor (cada um em seu respectivo setor de atuação)[2], a litigância estratégica de alguns agentes econômicos, a ineficiência do Poder Judiciário, dentre outros.

Meadows (1999) advertiu que o milênio 2000 herda o crescimento veloz da ciência e da informação. Tal fato se dá pela grande evolução tecnológica, que foi utilizada como estratégia de mercado pelas grandes empresas que estão em meio a relações de consumo. Essa nova realidade promove a globalização da informação e a potencialização de formas diversas de consumo (sobretudo por meios digitais), devendo o Estado acompanhar essa evolução tecnológica a fim de garantir o bom funcionamento do mercado e a segurança e transparência nas relações consumeristas (FERNANDES; SIMÃO FILHO; 2015).

No que se refere aos demais desafios, ao mesmo tempo em que as novas tecnologias os impõem para os atores do Sistema Nacional de Defesa do Consumidor, elas também podem servir de vetores para a promoção da desjudicialização e para a transformação do perfil do consumidor. A tecnologia fez com que as pessoas passassem a viver conectadas, surgindo, assim, um consumidor engajado, que utiliza as redes sociais para falar, ser ouvido e respondido pelas empresas de forma direta.

Tendo em vista o alto grau de judicialização em que o Brasil se encontra e o alto custo de manutenção do sistema judiciário nacional, conforme dados do Conselho Nacional de Justiça (CNJ), é primordial que se busquem novos modelos que promovam a desjudicialização e métodos alternativos de resolução de conflitos, que consistem em "mecanismos que permitem a obtenção da resolução de um conflito à margem da via jurisdicional, expressão que decorre da tradução do termo mais recorrente na doutrina internacional para seu tratamento: ADR – Alternative Dispute Resolution" (CABRAL, 2012).

---

2. Algumas das causas que contribuem para a judicialização do direito do consumidor, como a ausência de cooperação entre entidades consumeristas e agências reguladoras, já estão sendo endereçadas. Exemplo disso é o esforço de aproximação e de manutenção de uma agenda comum por parte da Senacon e das demais agências do governo. Nesse sentido, pode-se mencionar o esforço conjunto entre a referida Secretaria e a Agência Nacional de Telecomunicações (Anatel), cujos esforços levaram à criação da plataforma Não me Perturbe, que na primeira semana cadastrou mais de um milhão de consumidores que decidiram não mais receber ligações de telemarketing pelas operadoras de telefone. Outra situação que demonstra que a cooperação pode ter ótimos resultados diz respeito ao acompanhamento, pela Senacon, da situação do mercado aéreo junto à Agência Nacional de Aviação Civil (Anac) após a saída da Avianca do mercado.

Diante do contexto acima, o presente artigo visa demonstrar a importância da plataforma "consumidor.gov.br" é uma importante ferramenta apta a promover a desjudicialização e a concretização eficaz do direito para os consumidores.

O primeiro tópico tratará do contexto judicial brasileiro e do nível de judicialização no qual nos encontramos. Subsequentemente, tratar-se-á dos métodos alternativos de solução de conflitos, e, em seguida, da plataforma brasileira "consumidor.gov.br" e como ela tem colaborado como agente de solução de litígios e de desjudicialização em meio a esse cenário. Por fim, serão apresentadas as conclusões do trabalho.

2. CONTEXTO DA JUSTIÇA BRASILEIRA

As críticas em relação à lentidão e ineficácia do poder judiciário (GICO Jr., 2014) são amplamente debatidas pela doutrina. Pesquisas realizadas em 1994 já apontavam que 77% dos magistrados já reconheciam a existência de uma crise no judiciário (SADEK e ARANTES). Por sua vez, Bolero já indicava em 2003 que a eficiência judicial do Brasil é baixa.

Os dados mais recentes infelizmente corroboram com a doutrina. De acordo com o CNJ, o ano de 2018 terminou com 78,7 milhões de processos judiciais em tramitação, ou seja, aguardando solução definitiva, com uma taxa de congestionamento (percentual de processos que ficaram represados sem solução, comparativamente ao total tramitado no período de um ano) de 71% (CNJ, 2019, p. 36). Isso significa que, a cada dez ações judiciais que tramitaram, sete continuaram tramitando sem decisão final.

Além disso, os dados do CNJ demonstram que a quantidade de novas ações tem aumentado gradativamente ano após ano. Enquanto em 2009 houve o ajuizamento de 24,6 milhões, em 2016 foram ajuizados 29,4 milhões de novos processos. De 2009 a 2016 também houve o aumento do número de casos pendentes de decisão final – ou seja, não só a quantidade de novos conflitos judicializados, mas há um incremento, também, do estoque de processos judiciais pendentes de julgamento (LIMA, 2019, p. 19).

Várias causas são apontadas como motivadoras do aumento do número de processos no Brasil. Daniel Lima condensou os diversos argumentos em cinco grandes grupos:

> "Diversos são os motivos apontados como causas que contribuem para o aumento exponencial do número de processos judiciais no Brasil. Embora pesquisadores do Direito possam apontar inúmeros deles, diretos e indiretos, não há dúvidas de que contribuem para esse crescimento (1) a dificuldade de efetivação dos direitos e garantias constantes da Constituição, (2) a atual pluralidade e complexidade das relações sociais, 3) determinadas facilidades no acesso à jurisdição e a (4) crescente prática de judicialização da política. Uma das principais causas, todavia, é (5) o modo de agir dos operadores do Direito e jurisdicionados, os quais acreditam que o processo judicial é o único caminho para resolução das contendas". (LIMA, 2019, p. 20)

No que se refere a despesas, o judiciário teve um custo total de 93,7 bilhões de reais, chegando a R$ 449,53 (quatrocentos e quarenta e nove reais e cinquenta e três centavos) por habitante, R$ 12,06 (doze reais e seis centavos) a mais do que no ano anterior. Nesse sentido, o Brasil está em primeiro lugar, dentre diversos países, no que diz respeito ao custo da justiça, que alcança 1,4% do Produto Interno Bruto (PIB), ou 2,6% dos gastos totais da União, dos estados, do Distrito Federal e dos municípios (CNJ, 2019).

Além disso, o custo médio de um processo no Brasil, por ano, é de R$ 1.899,32 (um mil, oitocentos e noventa e nove reais e trinta e dois centavos) em caso de processos estaduais, e de R$ 2.755,24 (dois mil, setecentos e cinquenta e cinco reais e vinte e quatro centavos) em caso de processos que tramitam na Justiça Federal (CNJ, 2018).

Ademais, com base em dados do CNJ de 2017, a média de duração de processos costuma ser de três a quatro anos, para os juizados especiais, e de cerca de quatro a cinco anos para a Justiça Comum, sendo a fase de execução da sentença no âmbito da Justiça Federal o maior gargalo, com uma média de sete anos e onze meses para finalização do processo (CNJ, 2018).

Especificamente sobre ações consumeristas, o assunto mais demandado no juizado especial, em 2017, foi o da "responsabilidade do fornecedor e direito a indenização por dano moral", representando 15,15% das ações, atingindo o número de 1.234.983 (um milhão, duzentos e trinta e quatro mil, novecentos e oitenta e três) de processos somente em 2017, sem contar a fase recursal ou de execução.

Nota-se que parte considerável desses processos envolve ações referentes a direitos do consumidor. Assim, podemos concluir, sem prejuízo de análises mais profundas e detalhadas, que os direitos dos consumidores não estão sendo nem adequadamente garantidos pelos reguladores nem respeitados de modo sistemático no mercado – caso contrário, não haveria um alto número de ações judiciais a respeito de danos morais.

Adicionalmente, pode-se concluir que o custo para garantir o cumprimento de uma lei não espontaneamente respeitada no mercado, quando se vai ao Poder Judiciário, é substancial para contribuintes e consumidores (sem contar que, certamente, alguns litigantes estratégicos fazem um uso predatório da Justiça).

Nesse sentido, cabe mencionar o posicionamento de Hofmann e Gollatz, que mostram que os modelos de comando-controle, aqui entendidos como os processos judiciais, tendem a se tornar ultrapassados:

> "O conceito de governança reflete um amplo entendimento dos processos de ordenação que transcendem as ações dos governos (Rosenau e Czempiel, 1992). Modelos de comando-e-controle centrados no Estado têm sido considerados ultrapassados e incapazes de explicar as complexas interações entre o Estado e a sociedade (Mayntz, 2003; Jessop, 2003). A perspectiva de governança tem destacado regimes e racionalidades pluricêntricas, cooperação e competição, novos sites e ferramentas de ordenação. O estado não é mais entendido como o "centro de controle da sociedade" (Mayntz, 2003: 29), mas como um ator entre outros. Como resultado, as fronteiras entre legisladores e tomadores de regras estão se tornando embaçadas. Leis brandas, como acordos informais, memorandos de entendimento, códigos de conduta, mas também padrões técnicos e outras formas de especialização, tornaram-se proeminentes na literatura de governança (Feick e Werle, 2010: 525)". (tradução livre) (HOFMANN; KATZENBACH; GOLLATZ; 2017, p. 1406-1423, 2017)[3].

---

3. No original: "The concept of governance reflects a broad understanding of ordering processes transcending the actions of governments (Rosenau and Czempiel, 1992). State-centric models of command-and-control have been deemed outdated and incapable of accounting for the complex interactions between state and society (Mayntz, 2003; Jessop, 2003). The governance perspective has highlighted pluricentric regimes and rationalities, cooperation and competition, new sites and tools of ordering. The state is no longer understood as the 'control centre of

Surge, aí, a importância de mecanismos que promovam a desjudicialização através de plataformas digitais, pois é necessário pensar "em ferramentas que garantam um cumprimento espontâneo maior dos direitos do consumidor e que, em caso de eventuais disputas, existam ferramentas mais baratas para resolvê-las em tempo e modo devido" (TIMM, 2019).

Os tópicos subsequentes tratarão do assunto, após uma breve introdução acerca do Sistema Nacional de Defesa do Consumidor.

3. MÉTODOS ALTERNATIVOS DE SOLUÇÃO DE CONFLITOS E PLATAFORMAS DIGITAIS DE SOLUÇÃO DE DISPUTAS ("ADR")

Com o surgimento e a evolução das estruturas do Estado, este passou a abarcar como sua incumbência a solução de litígios como um terceiro neutro. No entanto, segundo Cappelletti e Garth (1998), o acesso à justiça ocorre como um processo que teve como primeira onda a ampliação do número de pessoas passaram a ter acesso ao judiciário. Conforme visto, em meio ao aumento do acesso à justiça, em meio a esse processo, o Brasil vivenciou uma cultura de litígio, que pode ser conceituada como

> a crença socialmente estabelecida e aceita de que a forma mais eficaz de se promover a realização dos valores juridicamente protegidos e de se alcançar a pacificação social se dá por meio das atuações e das decisões adjudicadas (sentenças) proferidas pelos juízes. (GONÇALVES, MAILLART, SANTOS; 2018).

A cultura do litígio vivenciada no Brasil traz consequências que comprometem a eficiência e a qualidade jurisdicionais, evidenciados pela morosidade dos processos e pela onerosidade do Judiciário. Para amenizar as consequências da explosão de litigância, os métodos alternativos de solução de conflito passaram a ser disseminados, como uma maneira de transpor a explosão de litigância e ainda sim trazer aos litigantes uma maneira eficiente que solucionar o conflito.

Os métodos alternativos de solução de conflitos são um reflexo dessa nova visão, que se encontra nas bases do sistema jurídico, o que pode ser exemplificado pelo Código de Processo Civil, que suscita como diretriz que o "Estado deve promover sempre que possível a solução consensual do conflito" (Código de Processo Civil, art. 3°, § 2°). Dentre os métodos que mais se destacam, a autocomposição assume um papel importante, já que empodera as partes dando-lhes autonomia em meio a resolução do conflito (VERA, 2018, p.113).

Ao mesmo tempo que o aumento da judicialização permitiu o surgimento dos métodos alternativos de solução de disputas, tem-se hoje em dia o desafio da economia digital. A Organização para Cooperação e Desenvolvimento Econômico (OCDE) reconhece, por exemplo, que a economia digital afetou a longo prazo as políticas públicas (2019).

---

society' (Mayntz, 2003: 29) but as one actor among others. As a result, the boundaries between rule-makers and rule-takers are becoming blurry. Soft laws such as informal agreements, memorandum of understandings, codes of conducts but also technical standards and other forms of expertise have become prominent in the governance literature (Feick and Werle, 2010: 525)". (HOFMANN; KATZENBACH; GOLLATZ; 2017, p. 1406-1423, 2017).

Os meios alternativos de solução de disputas não poderiam ficar alheios a essa transformação promovida pelas tecnologias (LIMA, 2019, p. 76), surgindo, assim, o modelo de *online dispute resolution* (ODR) (LIMA E FEITOSA, 2016, 54), que "podem ser definidos como a transposição de métodos adequados para plataformas" (LIMA, 2019, p. 77). Esse modelo pode abranger várias técnicas de modelos alternativos de solução de disputas, ao mesmo tempo que se utiliza de uma rede como local virtual para resolver disputas (BECKER E LAMEIRÃO, 2017, p. 01).

Segundo Arbix (2015), as ODR são, ao mesmo tempo, "uma tendência consolidada (...), uma 'nova porta' para solucionar conflitos que talvez não possam ser dirimidos por mecanismos tradicionais de resolução de controvérsias". Mais do que isso, o autor aponta que as ODR são imprescindíveis para promover um maior acesso à justiça:

> Mecanismos de ODR eficientes podem ser cruciais para órgãos judiciais, dando vazão a uma pluralidade de demandas similares cuja equação por formas tradicionais de resolução de disputas não seria possível – assim, a absorção de mecanismos de ODR por órgãos judiciais é imprescindível para viabilizar mais acesso à justiça (p. 13, 2015).

De acordo com a doutrina, existem quatro modalidades de ODR: (i) sistema de reivindicação financeira; (ii) sistema de arbitragem online; (iii) serviços de Ombudsman; e (iv) sistema de mediação online, seja ela automatizada ou assistida (NASCIMENTO JUNIOR, 2017, p. 274). Trataremos desta última modalidade nos próximos tópicos, tratando especificamente da plataforma governamental "consumidor.gov.br" e sobre como ela pode promover a desjudicialização na resolução de conflitos.

4. A PLATAFORMA "CONSUMIDOR.GOV.BR" COMO PROMOTORA DA DESJUDICIALIZAÇÃO

A solução de problemas de consumo de maneira individual e presencial é, em regra, de competência dos órgãos de defesa do consumidor estaduais e municipais – os Procons. Esses órgãos também são responsáveis pela política estadual de defesa do consumidor e por fiscalizar as relações de consumo. Ou seja, têm competência para atuar em nível tático e operacional. A Secretaria Nacional do Consumidor (Senacon), por sua vez, é responsável pelo desenho das políticas públicas nacionais e por ações que envolvam o território nacional.

Com as redes sociais e a massificação da conexão móvel, as pessoas passaram a viver conectadas, e essa realidade fez surgir um novo consumidor, que tem mais autonomia, pois tem acesso a uma grande diversidade de informações; que é engajado, pois sabe que essa atitude lhe dá poder; que é social, porque pensa no impacto coletivo e tem as redes sociais como principal plataforma de interação; que precisa da troca, pois acredita que um mundo melhor é um mundo onde as relações são uma via de mão dupla; e que quer a verdade, porque a transparência é um dos seus maiores valores. O cenário acima fez com que parte dos consumidores não quisessem mais participar do modelo que, até então, era o tradicional de atendimento. Assim, ao não procurar os meios formais de reclamação, tais consumidores demonstravam um descontentamento com o serviço público prestado.

Tendo em vista a atual situação da justiça brasileira e a insustentabilidade do modelo vigente para o tratamento de conflitos de consumo que são levados aos órgãos do

Estado, o novo Código de Processo Civil incentiva o uso de meios autocompositivos para solução de conflitos[4]. Além disso, o próprio CNJ possui resolução sobre a política judiciária nacional de tratamento adequado dos conflitos (CNJ, 2010)[5] e do crescimento das plataformas digitais. Diante desse cenário, surge um serviço como uma alternativa sustentável para tratamento em escala de conflitos de consumo: o "consumidor.gov.br".

Conforme explica Sousa, o "consumidor.gov.br" consiste em:

> "(...) uma política pública para a defesa do consumidor que auxilia no subsídio de informações para o processo decisório da defesa do consumidor, atende o cidadão e auxilia na mitigação e resolução de problemas de consumo" (SOUSA, 2014, p. 14).

Trata-se de uma plataforma de Estado, sob responsabilidade da Senacon, estabelecida pelo Decreto 8.573/2015[6], para conciliação entre consumidores e fornecedores na internet, com foco na solução e prevenção de conflitos de consumo. Por meio dessa plataforma, o consumidor se manifesta, a empresa responde, o consumidor avalia e todos podem monitorar o desenvolvimento da resolução.

Conforme explica João Sousa, a plataforma tem como base as seguintes premissas:

> "(...) transparência e controle social; importância estratégica das informações prestadas pelos consumidores; e acesso a informação como potencializadora do poder de escolha dos cidadãos. Assim, tem-se a expectativa de que o consumidor assuma um papel ativo, ao acompanhar e avaliar o desempenho dos fornecedores – disponível na própria plataforma (...)" (SOUSA, 2014, p. 30).

A plataforma é pública, gratuita e transparente, e funciona da seguinte forma. As empresas preenchem um "formulário de proposta de adesão" (contendo seus dados) e concordam com um "termo de adesão" e um "termo de uso". O termo de adesão, assinado entre fornecedor e Senacon, permite: o acesso para receber e responder às reclamações registradas pelos consumidores; a interação com o consumidor na plataforma; o acompanhamento das demandas registradas em nome da empresa; e o requerimento da recusa da reclamação, "exclusivamente nos casos em que for comprovado que o serviço ou produto reclamado foi produzido, ofertado e/ou comercializado por outro fornecedor e que não há qualquer indício de solidariedade na relação de consumo mencionada". O fornecedor se compromete, dentre outros pontos, a responder às demandas em até 10 dias e a informar à Senacon os dados do responsável direto pelo tratamento do sistema dentro da empresa.

---

4. O novo Código de Processo Civil prevê, em diversos artigos, a promoção da autocomposição de conflitos, como: art. 3º, § 3º; art. 6º; art. 139, inc. V; art. 313, inc. III; art. 334 e parágrafos; art. 359; art. 515, incisos II, III e VII; e art. 565, § 1º. Nesse sentido, ver: GRINOVER, 2015.
5. A Resolução n. 125/2010 do CNJ dispõe sobre a política judiciária nacional de tratamento adequado dos conflitos de interesse no âmbito do Poder Judiciário, trata a conciliação, a mediação e outros métodos consensuais como instrumentos efetivos de pacificação social, solução e prevenção de demandas, visto serem aptos a reduzir a judicialização, a interposição de recursos e a execução de sentenças.
6. A base normativa para o funcionamento do consumidor.gov é: Lei 8.078/90, Art. 4º, caput III e V, Harmonização das Relações de Consumo; Decreto 7.963/2013, Art. 3º I e VI Art. 4º I, Proteção e Defesa do Consumidor como Política de Estado, Harmonização das relações de consumo, Mecanismos alternativos para resolução de conflitos de consumo; Decreto 8.573/2015, Institui o sistema alternativo de solução de conflitos de consumo – Consumidor.gov.br; Comitê Gestor – Consumidor.gov.br, Instituído pelo Decreto 8.573 e regimento interno – Deliberação 1, de 5 de maio de 2016.

O consumidor, por sua vez, realiza o seu cadastro, assumindo os termos de uso, e fica habilitado a registrar reclamações contra qualquer uma das empresas participantes do serviço. Durante o prazo de resposta, o consumidor pode acompanhar sua demanda, bem como se relacionar com o fornecedor. Ao receber a resposta final da empresa, o consumidor pode avaliar a reclamação e participar de pesquisas em andamento na Senacon caso tenha interesse.

Em relação a essa forma de funcionamento da plataforma, a doutrina elenca que um dos seus maiores méritos está na negociação direta entre as partes. Sobre esse aspecto, Nogueira, Porto e Quirino expõe que:

> Um dos mais valiosos méritos técnicos do portal consumidor.gov está em priorizar negociações diretas entre as partes. Essa é, inclusive, uma das críticas mais robustas que se faz ao projeto de regulação da plataforma europeia de ODR. Os consumidores devem ter acesso às informações sobre princípios legais básicos relacionados às suas reclamações (2017, p. 11).

Até o momento, a plataforma teve mais de 2,2 milhões de reclamações recebidas pelas 607 empresas credenciadas[7]; cerca de 98% de reclamações respondidas pelas empresas dentro de um prazo médio de respostas de seis dias e meio (menor do que o prazo determinado de dez dias que as empresas têm para responder as reclamações dos consumidores), com 81% de resolutividade avaliado pelos consumidores, que dão 3,3 sobre 5 para às empresas.

A Senacon tem atuado para ampliar o uso da plataforma, podendo-se verificar que houve um aumento de 15,3% no número de reclamações em 2019 quando comparado com o ano de 2018[8], sendo que o uso vem crescendo exponencialmente ao longo dos anos desde a data de início do seu funcionamento, conforme demonstra o gráfico abaixo:

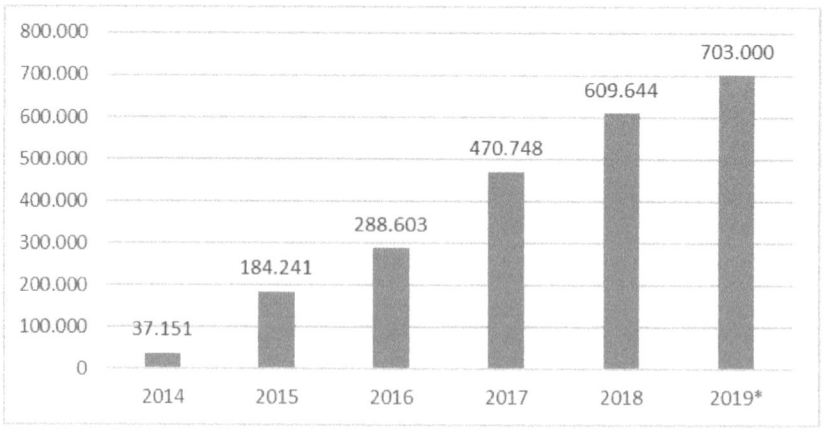

GRÁFICO 1
Total de reclamações por ano

Ano	Total
2014	37.151
2015	184.241
2016	288.603
2017	470.748
2018	609.644
2019*	703.000

Fonte: dados do consumidor.gov.br, elaboração dos autores.
* Dados até novembro de 2019.

---

7. Informações de junho de 2014 a 31 de novembro de 2019. Informações obtidas do SINDEC, do Ministério da Justiça e Segurança Pública.
8. Com dados até novembro de 2019.

Sobre a eficácia da plataforma, Schmidt-Kessen, Carneiro e Nogueira (2019), a partir desses dados, consideram o "consumidor.gov.br" um exemplo de sucesso, já que apresenta elevados números de reclamações e taxa de respostas dos fornecedores. Segundo as autoras, os curtos prazos para a tomada de decisões, o elevado número de reclamações resolvidas e a satisfação apresentada pelos consumidores são elementos que levam o caso brasileiro a superar a plataforma fornecida pela União Europeia para a solução de litígios consumeristas.

Pode-se atribuir essa eficácia da plataforma ao incentivo para seu uso. Sobre esse aspecto, ressalta-se, inclusive, o apoio do Conselho da Justiça Federal (CJF), que, na I Jornada de "Prevenção e solução extrajudicial de litígios", aprovou o enunciado 50:

> "O Poder Público, os fornecedores e a sociedade deverão estimular a utilização de mecanismos como a plataforma consumidor.gov.br, política pública criada pela Secretaria Nacional do Consumidor – Senacon e pelos Procons, com vistas a possibilitar o acesso, bem como a solução dos conflitos de consumo de forma extrajudicial, de maneira rápida e eficiente". (CJF, 2016).

Nessa mesma seara, atualmente a Senacon realiza projetos de cooperação dos Tribunais de Justiça com o objetivo de incentivar a redução e a prevenção de litígios por meio da plataforma[9]. Além disso, a Senacon firmou, recentemente, convênio com o Conselho Nacional de Justiça para integração do "consumidor.gov.br" ao processo judicial eletrônico (PJe)[10], fazendo com que as partes que ingressam com ações no poder judiciário tenham a opção de utilizar a plataforma antes de dar prosseguimento ao processo.

Um dos pontos mais interessantes da plataforma, além da promoção da desjudicialização, é a possibilidade de acesso a uma base de dados com o perfil dos consumidores que utilizam a plataforma, podendo-se, inclusive, fornecer subsídios à elaboração de políticas públicas[11], conforme explica o site do Ministério da Justiça e Segurança Pública:

> "Os registros realizados pelos consumidores geram uma base de dados pública que disponibiliza à sociedade informações relevantes sobre empresas, assuntos, e problemas demandados na plataforma. Tais informações alimentam indicadores que são divulgados no site, bem como estão à disposição de qualquer interessado, independentemente de solicitação, em formato aberto, em conformidade com diretrizes de acesso à informação e transparência ativa. Acreditamos que o acesso a esses dados apoia a produção de conhecimento pela própria sociedade, pelo meio acadêmico, bem como serve ao próprio mercado. Além disso, oferece condições ao Estado para fiscalizar o comportamento das empresas, especialmente no que tange à lesão a direitos coletivos".[12]

O mapeamento dessas informações pode ser encontrado, por exemplo, por meio da identificação do perfil das reclamações, usuários e empresas que fazem uso da plataforma.

---

9. No momento, são conveniados: Tribunal de Justiça do Estado do Acre; Tribunal de Justiça da Bahia; Poder Judiciário do Ceará; Tribunal de Justiça de Rondônia, Tribunal de Justiça de Sergipe, dentre outros.
10. BRASIL. Acordo de Cooperação Técnica 016/2019. Acordo de cooperação técnica entre o Conselho Nacional de Justiça e o Ministério da Justiça e Segurança Pública, por meio da Secretaria Nacional do Consumidor (SENACON), para incremento de métodos autocompositivos, mediante plataformas on-line, para solução de controvérsias consumeristas. 2019.
11. Cabe destacar recente pesquisa realizada pela Senacon através da plataforma para mapear a situação das ligações indesejadas recebidas por consumidores, conforme explica reportagem do portal valor econômico: (PERON, 2019).
12. Informação disponível em: [https://www.justica.gov.br/seus-direitos/consumidor/consumidor-gov.br].

Por exemplo, dos consumidores que submeteram reclamações em 2019, cerca de 61,3% comprou os produtos ou adquiriu os serviços de forma não presencial, enquanto 22,57% adquiriu seus produtos em lojas físicas e 16,08% respondeu que não se aplica (seja porque não houve compra ou porque a pergunta não se aplica).

Além disso, os dados do "consumidor.gov.br" nos permitem ver que praticamente todas as operadoras de telefonia constam da relação de empresas com maior número de reclamações. Vivo, Oi, TIM e Claro totalizam, juntas, 37,34% de todas as reclamações dos consumidores.

Já os principais problemas que os consumidores enfrentam se relacionam a cartão de crédito/débito/loja, telefonia móvel pós paga, bancos de dados e cadastros de consumidores, pacotes de serviços (combo) e mercado aéreo, dentre alguns outros, conforme pode ser visto no gráfico a seguir:

GRÁFICO 2
Assuntos mais reclamados

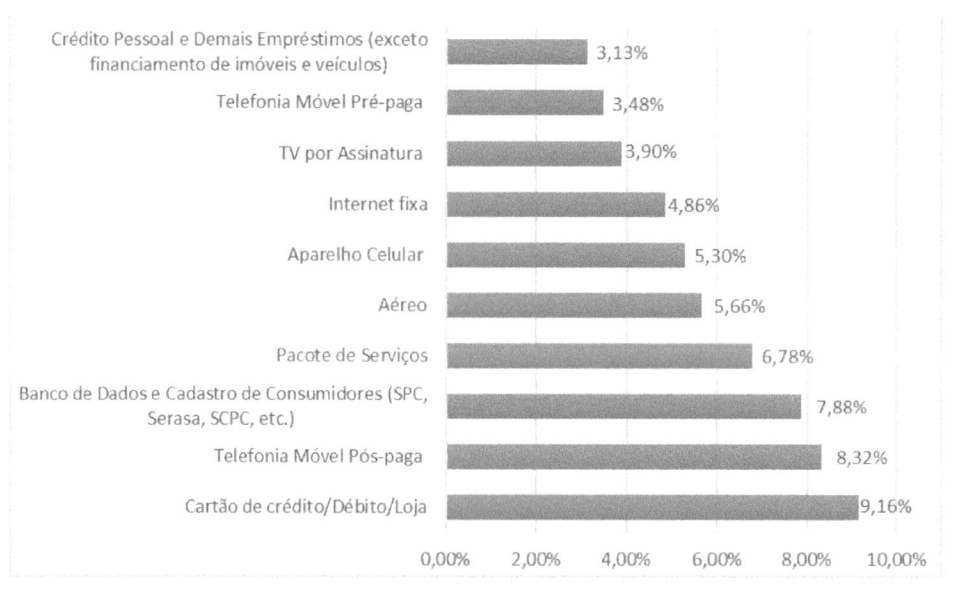

Assunto	%
Crédito Pessoal e Demais Empréstimos (exceto financiamento de imóveis e veículos)	3,13%
Telefonia Móvel Pré-paga	3,48%
TV por Assinatura	3,90%
Internet fixa	4,86%
Aparelho Celular	5,30%
Aéreo	5,66%
Pacote de Serviços	6,78%
Banco de Dados e Cadastro de Consumidores (SPC, Serasa, SCPC, etc.)	7,88%
Telefonia Móvel Pós-paga	8,32%
Cartão de crédito/Débito/Loja	9,16%

Fonte: dados do consumidor.gov.br, elaboração dos autores.
* Dados até novembro de 2019.

Por meio da análise dos dados acima elencados, originados da plataforma, é possível que a Senacon e demais membros do Sistema Nacional de Defesa do Consumidor (SNDC), bem como agências reguladoras, elaborem políticas públicas que, de um lado, promovam uma maior proteção do consumidor e, de outro, evitem que novas ações consumeristas cheguem ao judiciário, sem que isso signifique uma precarização dos direitos dos consumidores.

5. CONCLUSÃO

A economia digital impõe mudanças nas relações sociais, na maneira que nós como sociedade adquirimos bens e serviços e, consequentemente, nas relações de consumo.

Exemplo disso são as plataformas digitais que são amplamente utilizadas no dia a dia, como Uber, Facebook, Airbnb, dentre outras.

O número de ações em tramitação no judiciário, os custos envolvidos para sua manutenção e o tempo de espera para uma efetiva prestação jurisdicional nos mostram que é necessário investir em sistemas de tecnologia, como plataformas digitais, que promovam a desjudicialização. No caso, se as partes envolvidas em um litígio conseguem resolver os problemas da disputa sem que isso resulte em um processo judicial, eventualmente será possível transformar isso em um modelo a ser replicado como política pública, como foi o caso do "consumidor.gov.br".

Nesse sentido, é necessário investir no empoderamento do consumidor e, sobretudo, na congregação de consumidores capazes de negociar coletivamente (conforme previsão do artigo 107 do CDC[13]). É também o momento de aproveitarmos ferramentas voltadas para soluções alternativas de conflitos, como negociação, mediação e até mesmo arbitragens em disputas coletivas, como já ocorre em diversos países.

Essas plataformas, além de diminuir a litigiosidade, permitem a realização de estudos com o fim de classificar empresas de acordo com o nível de conformidade em relação ao cumprimento dos direitos do consumidor e de acordo com a satisfação dos consumidores mensurada pela sua responsividade em plataformas como o "consumidor.gov.br". Da mesma forma que consumidores são avaliados, a plataforma também permite a avaliação das empresas, podendo-se pensar, no futuro, em punição para empresas que não são bem avaliadas.

A partir da adoção e expansão do uso da plataforma "consumidor.gov.br", poderá se fazer com que, no futuro, casos de descumprimento da legislação consumerista cheguem ao Poder Judiciário apenas residualmente, o que deve ser pensado, também, dentro de uma lógica sistêmica que não incentive o descumprimento da lei.

6. REFERÊNCIAS

ALMEIDA, J. B. *Manual de direito do consumidor*. São Paulo: Saraiva, 2015.

ARANTES, R. B; SADEK, M. T.; ARANTES, R. B. A crise do Judiciário e a visão dos juízes. *Revista USP*, n. 21, p. 34-45, mar./maio 1994.

ARBIX, D. A. *Resolução online de controvérsias* – Tecnologias e Jurisdições. Tese (Doutorado em Direito). São Paulo: Faculdade de Direito, Universidade de São Paulo, 2015.

BECKER, D.; LAMEIRÃO, P. *Online Dispute Resolution (ODR) e a ruptura no ecossistema da resolução de disputas*. 2017. Disponível em[https://bit.ly/2MSGqGb/].

BOTERO, J. C. et al. Judicial reform. *The World Bank Research Observer*, v. 18, n. 1, p. 61-88, Spring 2003.

BRASIL. *Acordo de Cooperação Técnica 016/2019*. Acordo de cooperação técnica entre o Conselho Nacional de Justiça e o Ministério da Justiça e Segurança Pública, por meio da Secretaria Nacional do

---

13. Art. 107. As entidades civis de consumidores e as associações de fornecedores ou sindicatos de categoria econômica podem regular, por convenção escrita, relações de consumo que tenham por objeto estabelecer condições relativas ao preço, à qualidade, à quantidade, à garantia e características de produtos e serviços, bem como à reclamação e composição do conflito de consumo.

Consumidor (SENACON), para incremento de métodos autocompositivos, mediante plataformas on-line, para solução de controvérsias consumeristas. 2019.

BRASIL. CJF – CONSELHO DA JUSTIÇA FEDERAL. *I Jornada "Prevenção e Solução Extrajudicial de Litígios"*. Brasília: CJF, ago. 2016.

CABRAL, M. M. *Os meios alternativos de resolução de conflitos*: instrumentos de ampliação do acesso à justiça. Dissertação (Mestrado) – Fundação Getúlio Vargas, Rio de Janeiro, 2012. Disponível em: [https://bit.ly/2Y9D7wN].

CANTEIRO, M.; NOGUEIRA, R.; SCHMITDT-KESSEN, M. J. Success or Failure? – Effectiveness of Consumer ODR Platforms in Brazil and in the EU. *Copenhagen Business School Law Research Paper Series n. 19-17*, Copenhague, 2019. Disponível em: [https://bit.ly/2RLhsuw].

CAPPELLETI, M.; GARTH, B. *Acesso à Justiça*. Tradução: Ellen Gracie Northfleet, Porto Alegre, Fabris, 1998.

CNJ – CONSELHO NACIONAL DE JUSTIÇA. *Justiça em números 2019 (ano-base 2018)*. Disponível em [https://bit.ly/38taEaO].

CNJ – CONSELHO NACIONAL DE JUSTIÇA. *Justiça em números 2018 (ano-base 2017)*. Disponível em: [shorturl.at/ezOY8].

CNJ – *Resolução n. 125, de 29 de novembro de 2010*. Dispõe sobre a Política Judiciária Nacional de tratamento adequado dos conflitos de interesses no âmbito do Poder Judiciário e dá outras providências. Disponível em: [https://bit.ly/1LsPdqG].

FERNANDES, C. M.; FILHO, A. S. A proteção do consumidor na sociedade da informação: uma análise da plataforma consumidor.gov.br. III CONGRESSO BRASILEIRO DE PROCESSO COLETIVO E CIDADANIA, 3. Anais... Universidade Ribeirão Preto, ago. 2015. Disponível em: [https://bit.ly/2xc23bh].

GICO JR., I. T. A tragédia do Judiciário. *Revista de Direito Administrativo*, Rio de Janeiro, v. 267, p. 163-198, set. 2014. Disponível em: [https://bit.ly/2E7ts1D].

GONÇALVES, J.; MAILLART, A. S.; DOS SANTOS, R. S. S. Da cultura da sentença para uma cultura consensual de administração dos conflitos jurídicos. In: RODAS, J. G. et al. (Coords.). *Visão Multidisciplinar das Soluções de Conflitos no Brasil*. Curitiba: Editora Prismas, p. 207-240, 2018.

GRINOVER, A. P. Os métodos consensuais de solução de conflitos no novo CPC. In: BONATO, Giovanni. *O novo Código de Processo Civil*: questões controvertidas. São Paulo: Editora Atlas, 2015.

HOFMANN, J.; KATZENBACH, C.; GOLLATZ, K. Between coordination and regulation: finding the governance in Internet Governance. *New media & society*, v. 19, n. 9, p. 1406-1423, 2017. Disponível: [https://bit.ly/2ZK3mKO].

LIMA, D. H. S. *Da cultura do litígio à do consenso: o uso de online dispute resolution na Comarca de Araquari (SC)*. Universidade Federal de Santa Catarina. Dissertação de mestrado. Florianópolis, 2019.

MAIOLINO, I; TIMM, L. B. In: MAIOLINO, I.; TIMM, L. B. Introdução – Novos desafios do consumidor (Orgs.). *Direito do consumidor*: novas tendências e perspectiva comparada. Singular, 2019.

MEADOWS, A. J. *A comunicação científica*. Brasília: Briquet de Lemos Livros, 1999.

NASCIMENTO JUNIOR, V. F. A evolução dos métodos alternativos de resolução de conflitos em ambiente virtual: online dispute resolution. *Revista Eletrônica da Faculdade de Direito de Franca*, v. 12, n. 1, p. 265-281, 2017.

NOGUEIRA, R.; PORTO, A. J. M.; QUIRINO, C. C. Resolução de conflitos on-line no Brasil: um mecanismo em construção. *Revista do Direito do Consumidor*, v. 114, p. 295-318, 2017.

OCDE – ORGANIZAÇÃO PARA COOPERAÇÃO E DESENVOLVIMENTO ECONÔMICO. *Challenges to consumer policy in the digital age*. G20 International Conference on Consumer Policy. OCDE, 2019. Disponível em: [https://bit.ly/2qJj7G6].

PERON, I. 92,5% das pessoas recebem ligações indesejadas de telemarketing. *Valor Econômico*, 21 maio 2019. Disponível em: [https://bit.ly/31Qjg8g].

SOUSA, J. P. A. *Defesa do consumidor e políticas públicas: um estudo sobre o consumidor.gov.br*. 2014. 62 f., il. Monografia (Bacharelado) – Universidade de Brasília, Brasília, 2014.

TIMM, L. B. Por um plano nacional de defesa dos direitos do consumidor. *Revista Consultor Jurídico*, 22 de janeiro de 2019. Disponível em: [https://bit.ly/2WX7Bko].

TIMM, L. B. *Ainda sobre a função social do direito contratual no Código Civil brasileiro*: justiça distributiva versus eficiência econômica. Disponível em: [https://bit.ly/2X6R7uR]. Acesso em: 23.06.2019.

IMPORTÂNCIA DAS OUVIDORIAS NA EVOLUÇÃO DO DIREITO DAS RELAÇÕES DE CONSUMO

Antônio Carlos Guido Júnior

Bacharel em Direito – Universidade Braz Cubas. Bacharel em Administração de Empresas – Universidade Braz Cubas. Professor convidado na Associação Brasileira de Ouvidores/Ombudsman (ABO). Consultor especialista em relações institucionais e de consumo. Ouvidor certificado pela ABO. Presta consultoria para escritórios de advocacia nas áreas de Relações Institucionais e de Consumo. Atuou durante quase 18 anos na Fundação de Proteção e Defesa do Consumidor do Estado de São Paulo (PROCON/SP), dos quais 8 anos foram dedicados exclusivamente ao comando da diretoria de fiscalização da fundação. Foi assessor da presidência do Sindicato do Comércio Varejista de Derivados de Petróleo do Estado de São Paulo (SINCOPETRO/SP). Foi assessor da presidência do Instituto Brasileiro de Defesa da Competitividade (Instituto Brasil Legal) e consultor na área de relações de consumo em escritórios advocacia. Coautor da Obra Coletiva "Tutela Administrativa do Consumidor: Atuação dos PROCONs, legislação, doutrina e jurisprudência", do qual escreveu o capítulo "A atividade de fiscalização do PROCON-SP: Histórico" (São Paulo, Editora Atlas S.A.-2015).

A importância das ouvidorias na evolução do direito do consumidor é um desafio que terei de desenvolver traçando um paralelo da evolução desse mecanismo na resolução de conflitos (*a ouvidoria é um canal de atendimento e uma ferramenta de gestão*) e o direito do consumidor.

Estamos caminhando para terceira década que o Código Brasileiro de Proteção e de Defesa do Consumidor (Lei 8078/90 de 11 de setembro de 1990), agradeço ao mestre Dr. Filomeno a oportunidade e confiança depositada para que eu possa expor uma linha de pensamento, não adotarei uma linha de um artigo cientifico u mesmo acadêmico, mas de desenvolver uma resenha sobre o tema.

O próprio CDC nos traz os direitos básicos do consumidor em seu artigo 6º, direitos consagrados pela ONU em 1962 após o discurso do presidente norte americano John Kenedy, tão bem adotado pelos autores do anteprojeto.

Em 1985, no mês de abril, a Assembleia Geral das Nações Unidas adotou por consenso a Resolução 39/248, com Diretrizes Internacionais de Proteção ao Consumidor, enfatizando a importância de os governos estabelecerem e manterem uma estrutura adequada para formular, aplicar e controlar o funcionamento das políticas de proteção ao consumidor.

Na Constituição brasileira de 1988é contemplado a Defesa do Consumidor em 3 oportunidades, no artigo 5º, no artigo 170 e no artigo 48 das disposições transitórias, onde determina a elaboração do Código Brasileiro de Proteção e de Defesa do Consumidor.

Em seu artigo 4º, o CDC traça os princípios da Política Nacional das Relações de Consumo, tendo como objetivo o atendimento das necessidades dos consumidores, o respeito à sua dignidade, saúde e segurança, a proteção de seus interesses econômicos, a melhoria da sua qualidade de vida, bem como a transparência e harmonia das relações de consumo atendendo à alguns princípios.

Encontramos no inciso V do artigo 4º onde o legislador indica como um dos princípios o incentivo à criação pelos fornecedores de mecanismos alternativos de soluções de conflitos de consumo.

Não podemos confundir os serviços de atendimento ao consumidor com as ouvidorias, apesar que também se trata de um canal de atendimento, mas são distintos.

A primeira ouvidoria privada no Brasil, foi a da Rhodia criada em 1985, com o objetivo de se intermediar as relações da empresa com seus consumidores, a campanha de divulgação desse novo canal de relacionamento foi "Você fala a Rhodia escuta", contratando Maria Lucia Zulzke como a primeira ouvidora privada no Brasil.

Já a primeira ouvidoria pública no Brasil, foi criada na cidade de Curitiba, pela prefeitura Municipal em 1986.

A constituição de 1988 em seu artigo 37 consagrou os princípios que norteiam a administração pública, acrescentando o princípio da eficiência através a Emenda Constitucional n.19/98. Estes princípios visam nortear uma constante melhoria na prestação dos serviços públicos ao cidadão e através das ouvidorias publicas acreditasse cumprir esse papel constitucional.

Edson Luiz Vismona foi o primeiro ombudsman de uma associação classista, trata-se da ABINNE em 1990, já falava em *"governança cidadã"*, precisamos entender e aplicar melhor seus ensinamentos, não adianta termos uma ouvidoria se ela não cumpre o seu papel social e a sua real vocação.

Em 1995, como Secretário Adjunto de Justiça e da Defesa da Cidadania do Estado de São Paulo, capitaneou a criação da Associação Brasileira de Ouvidores/Ombudsman.

Em 1999 é promulgada a lei 10.294 do Usuário do serviço Público no Estado de São Paulo, no governo Mário Covas.

Na sequência houveram a promulgação de algumas leis de empoderamento do cidadão/consumidor: Lei 12.527/2011 de Acesso à Informação, Lei 12.846/2013 Anticorrupção, Lei 13.140/2015 Mediação e finalmente a Lei 13.460/2017 do Usuário do Serviço Público Federal.

O avanço das ouvidorias em todas as áreas, consolidando esse instituto, quer seja na área pública como na área privada. O importante é que o compromisso de defender os princípios e os valores que são caros à representação dos legítimos interesses do consumidor e do cidadão e que a cada dia se impõe como uma necessidade e ou obrigatoriedade.

Temos essa responsabilidade, fortalecer o respeito as instituições públicas, privadas e consumidores e cidadãos.

Os desafios enfrentados pelos órgãos reguladores que instituíram por intermédio de resoluções a obrigatoriedade da instalação de ouvidorias por parte das empresas públicas e privadas, visando a resolução dos conflitos (Banco Central, SUSEP, ANS etc.).

O setor privado com seus não tão novos desafios deverão enfrentar e buscar soluções mais efetivas na resolução das demandas consumeristas.

Ter de uma forma clara o que significa o seu cliente (consumidor/cidadão).

A crescente judicialização das demandas consumeristas, nos faz refletir e ter um plano de ação claro no respeito ao tratamento das demandas de nossos clientes.

Sempre com a certeza de saber que essa é uma forma que vale a pena, pois estamos trabalhando na valorização de direitos.

Nos últimos anos os números crescentes apontados nos relatórios anuais do CNJ, onde chegamos ao incrível número de 130 milhões de demandas registradas no poder Judiciário Brasileiro, hoje no último relatório aponta pouco mais de 83 milhões.

Surge um movimento de desjudicialização, onde seu objetivo é desafogar o poder judiciário das demandas repetitivas, certamente as questões de consumo tem uma grande parcela nesses números.

A "desjudicialização" é um caminho sem volta, mas ela começa certamente dentro de casa.

O atendimento é a matéria prima do relacionamento, afirmo constantemente essa máxima, pois nesses mais de 33 anos de atuação vejo ser desperdiçada a oportunidade de resolver as questões dentro dos domínios das empresas.

Os problemas sempre poderão ocorrer, temos que focar é na forma rápida e eficiente na captura, retenção e resolução em nossos canais de atendimento e a ouvidoria é com certeza a última instancia nessa retenção.

Não podemos abdicar o direito de atender aos nossos clientes com presteza e educação.

O consumidor deve ter a confiança e tranquilidade na utilização dos canais próprios disponibilizados pela empresa, elegendo, segundo sua conveniência, o canal mais adequado para interagir, sejam eles canais eletrônicos ou não.

Não podemos abrir mão dessa oportunidade, nem o deixar perder a credibilidade e buscar resultados com organismos de defesa do consumidor ou órgãos judiciais.

Captar a vontade do consumidor deve ser a prioridade da empresa.

O risco de uma eventual demanda não ser resolvida, essa transborda para os órgãos de defesa do consumidor, plataformas de reclamações e até mesmo o poder judiciário, passa uma impressão de descaso, passamos a ser julgados, o foco deve ser de retenção em nossos domínios e evitar ao máximo que terceiros sejam eleitos para resolver o problema que nos mesmos criamos em muitas situações.

Avanços e retrocessos vivenciamos nesse período.

Com um olhar mais atento ao mercado arrisco uma perspectiva.

É inegável a importância do mercado no universo das atividades econômicas e sociais.

Um crescimento constante desperta um grande interesse, quer seja pelas movimentações financeiras, empregabilidade ou simplesmente o lucro.

Na pauta podemos ariscar que um dos caminhos seja de se buscar uma maior qualidade com o menor custo.

Repito "O atendimento é a matéria prima do relacionamento".

A área de atendimento assume, cada vez mais, uma grande relevância e a ouvidora tornasse vital para a retenção e captura dos consumidores.

As determinações legais e as exigências do consumidor elevam as expectativas e a melhoria da qualidade do atendimento depende do aperfeiçoamento constante de sistemas, processos e necessita de treinamento permanente das equipes. Ainda que a tecnologia seja vital, a capacitação profissional e a interação organizacional são essenciais, pois o crescente empoderamento do consumidor com a garantia de seus direitos.

A complexa compreensão de todas as interfaces do atendimento representa um grande e constante desafio que deve ser enfrentado.

O analógico e o digital andam lado a lado, mas a "tecnologia sem humanização perde a razão".

Não podemos mais optar por trincheiras, a "pacificação nas relações de consumo" começa obrigatoriamente na forma de atendimento aos clientes.

A ouvidoria como um canal a mais para acolhimento do consumidor/cidadão e que pode servir a empresa como, importante ferramenta de gestão já que além de trazer a confiança aos usuários graças a transparência que fornece, também possibilita a fidelização do cliente devido a credibilidade que traz.

Associamos a exigência legal do CDC com a ferramenta de desenvolvimento e empoderamento do cidadão.

REFERÊNCIAS

Código Brasileiro de Proteção e de Defesa do Consumidor, comentado pelos autores do anteprojeto. 11. ed. São Paulo: Forense.

VERGARA, Sylvia Helena Constatnt; RODRIGUES; Denize Ferreira; TONET, Helena Correa. *Excelência no atendimento ao cliente*. Publicações FGV, Management. Editora IDE.

Relacionamento com clientes – Fundamentos e competências para a conquista e fidelização de clientes. Porto Alegre: Lumen Juris.

A Ouvidoria Brasileira. In: VISMONA, Edson Luiz (Org.). *Dez anos da Associação Brasileira de Ouvidores/Ombudsman*. Imprensa Oficial do Estado de São Paulo.

Manual de direito do consumidor – SENACON/MJ. 4. ed. Ministério da Justiça, 2014.

ZULZKE, Maria Lucia. *Abrindo a empresa para o consumidor*. Rio de Janeiro: Qualitymark,1990.

TUTELA PENAL DO CONSUMIDOR: FRAUDES DIGITAIS

José Geraldo Brito Filomeno

Professor especialista em direito do consumidor. Membro do conselho consultivo da ABRAREC, da academia paulista de direito e consultor da comissão permanente de defesa do consumidor da OAB-SP. Advogado e consultor jurídico. Foi procurador-geral de justiça do estado de São Paulo, o primeiro promotor de justiça do consumidor do país, bem como vice-presidente e relator-geral da comissão elaboradora do anteprojeto do vigente código brasileiro de defesa do consumidor.

Sumário: 1. Notas introdutórias. 2. Dos crimes de conteúdo econômico. 3. Análise de *case* paradigmático: julgado em desfavor do consumidor. 3.1 Fundamento de ação em face de instituição financeira. 3.2 Fato: a *mise-em-scène*. 4. Fraude flagrante: meios eletrônicos de informação disponíveis aos agentes. 5. Sanha Incontida: uso do cartão também como crédito para compras. 6. Perfil da requerente-consumidora e tentativas frustradas de resolução amigável. 7. Prevenção e reparação de danos no cível. 8. Defeito na prestação de serviços. 9. A jurisprudência. 10. Inversão do ônus da prova e resultado da demanda. 11. Conclusões.

1. NOTAS INTRODUTÓRIAS

Nesse ano em que se comemoram os 30 anos da sanção da Lei 8.078, de 11-9-1990, é mister observar, no que tange à sua *tutela penal*, muito embora pouco abordada pelos doutrinadores, tem sua relevância no cenário atual, mormente quando a vida dos consumidores é totalmente devassada pelos meios digitais.

Basta o *clique* no computador para acessar um *site* ou então buscar um fornecedor de um determinado produto ou serviço, e logo o pobre consumidor vai receber centenas de mensagens publicitárias e, o que pior, diversos *spams* e *phishings*, tentando fisgar-lhe dados sensíveis quanto à sua identidade, dados bancários e até estado de saúde.

Ao lado desses dissabores, porém, há fatores ainda mais graves: as fraudes de que todos nós consumidores somos potenciais vítimas.

Antes de adentrarmos ao assunto propriamente dito deste artigo, é mister fazer um alerta a todos quantos venham dar-nos a honra de sua leitura.

Com efeito, assim como ocorre no âmbito da tutela administrativa e civil do consumidor, na penal o Código de Defesa do Consumidor também apresenta as características de um microssistema jurídico interdisciplinar, porquanto embora estabeleça tipos penais específicos derivados do descumprimento das normas constantes das outras duas tutelas, ele convive harmonicamente com o Código Penal, e com a legislação especial ou extravagante.

Nesse segundo aspecto, ou seja, relativamente à legislação especial ou extravagante, tenha-se em vista, principalmente, a chamada *lei de crimes contra a economia popular*

(Lei 1.521/51) e a *lei de crimes contra a ordem tributária, econômica e relações de consumo* (Lei 8.137/90), diplomas legais esses que também dizem respeito aos interesses dos consumidores.

E, além de *crimes de conteúdo econômico*, ou seja, em que a *objetividade jurídica* é a tutela do patrimônio das vítimas, há também de interesse à tutela penal do consumidor os *delitos contra a saúde pública*, contravenções no setor de *locações de imóveis* e sua *incorporação*, na *lei do parcelamento do solo urbano, lei de crimes do colarinho branco* etc.

Com efeito, consoante dispõe o art. 61 do Código de Defesa do Consumidor: *Constituem crimes contra as relações de consumo previstas neste código, sem prejuízo do disposto no Código Penal e leis especiais, as condutas tipificadas nos artigos seguintes.*

Daí classificarmos como crimes ou *delitos diretamente contra as relações de consumo*, que são exatamente os previstos pelo Código de Defesa do Consumidor, da Lei 1.521/51 e da Lei 8.137/90, e, por outro lado *crimes ou delitos indiretamente contra as relações de consumo*, ou seja, aqueles constantes do próprio Código Penal e legislação especial, como veremos oportunamente.

2. DOS CRIMES DE CONTEÚDO ECONÔMICO

Não é preciso um grande esforço de interpretação hermenêutica para concluirmos que, um estelionato, por exemplo, pode ser cometido mediante os artifícios mais tradicionais dos chamados *contos do vigário* (*e.g.*, golpe do bilhete premiado, do jogo de tampinhas, do paco de dinheiro a ser entregue a alguém etc.). Ou então, *mediante os variados expedientes oferecidos pela informática.*

Embora até possam existir tipos penais próprios da *era digital* como, por exemplo, a invasão de *sites*, a exploração de pornografia infantil, o *roubo de senhas* e outros, no caso do estelionato o que muda apenas é o *meio fraudulento e seu veículo.*

O delito de estelionato, por exemplo, pelo *caput* do art. 171, do Código Penal, consiste, como se sabe, na obtenção de vantagem ilícita por alguém, em prejuízo de outrem, mediante o seu induzimento em erro por meio de artifício, ardil, ou qualquer outro meio fraudulento. Muito se discute, ainda, a respeito de supostos fornecedores de bens e serviços que procuram geralmente consumidores desavisados, e lhes propõe a entrega de objetos a prazo, ou então a execução de serviços, mas já com a prévia intenção de apenas ficarem com o sinal dado, em princípio de pagamento, ou boa parte do preço acordado, sem a entrega efetiva do produto ou execução o serviço.

Esse delito, entretanto, mediante os meios eletrônicos disponíveis, sobretudo, na obtenção de dados via *internet* e operadores desonestos de instituições financeiras, assume contornos preocupantes e de tal forma amplamente praticados, o que tem causado bilhões de reais de prejuízos não apenas aos consumidores como também às próprias empresas.

A grande dificuldade, nesses casos, consiste exatamente em verificar a fraude pré-concebida. Parece-nos, todavia, que a famosa *zona cinzenta*, que normalmente leva essas questões apenas para o âmbito civil, poderia se desfazer, com a simples resposta à seguinte pergunta: o fornecedor, no caso concreto, induziu o consumidor em erro, mediante uma fraude (mediante publicidade enganosa, suponha-se), e dele obteve uma vantagem ilícita, ou então sem receber o produto ou serviço? Ou, mais pragmaticamente, consoante a doutrina norte-americana: *to give something for nothing*. Isto é, deu alguma coisa em troca de nada?

3. ANÁLISE DE *CASE* PARADIGMÁTICO: JULGADO EM DESFAVOR DO CONSUMIDOR

3.1 Fundamento de ação em face de instituição financeira

No caso, os artigos 6º, incisos VI, VII e VIII[1], 14 e seu § 1º[2], 42, parágrafo único[3] e 83[4] da Lei 8.078, de 11 de setembro de 1990 (*Código de Defesa do Consumidor*), sob os ritos da Lei Federal 9.099/1995 (*Lei dos Juizados Especiais Cíveis e Criminais*), foi proposta *ação declaratória de inexigibilidade de débito e rescisão contratual com pedido de tutela antecipada*.

3.2 Fato: a *mise-en-scène*

A requerente era cliente-correntista há vários anos de uma agência da instituição financeira. Embora se cuidasse de pessoa possuidora de condições econômico-financeiras modestas, movimentando pouco numerário de costume, fez jus a uma conta especial dentro de categoria tida e havida como distinta das comuns. E mediante a qual emitia cheques e, sobretudo, utilizava um cartão de crédito/débito-saques. Num determinado dia, então, na parte da manhã, a autora-consumidora recebeu um telefonema de uma pessoa que se identificou como responsável pelo setor de *averiguação de fraudes* do banco em questão, indagando dela se havia efetuado uma compra no valor de R$ 1.385,00, ao que respondeu taxativamente que não, até porque não costumava efetuar compras nesse valor. Anote-se que na oportunidade referida pessoa sabia de todos os dados pessoais da mesma requerente, ou seja, seu nome completo, número do cartão de débito/crédito, residência etc.

---

1. Art. 6º São direitos básicos do consumidor (...) VI – a efetiva prevenção e reparação de danos patrimoniais e orais, individuais, coletivos e difusos; VII – o acesso aos órgãos judiciários e administrativos com vistas à prevenção ou reparação de anos patrimoniais e morais, individuais, coletivos ou difusos, assegurada a proteção jurídica, administrativa e técnica aos necessitados.
2. Art. 14. O fornecedor de serviços responde, independentemente da existência de culpa, pela reparação dos danos causados aos consumidores por defeitos relativos à prestação dos serviços, bem como por informações insuficientes ou inadequadas sobre sua fruição e riscos. § 1º O serviço é defeituoso quando não fornece a segurança que o consumidor dele pode esperar, levando-se em consideração as circunstâncias relevantes, entre as quais: I – o modo de seu fornecimento; II – o resultado e os riscos que razoavelmente dele se esperam; III – a época em que foi fornecido.
3. Art. 42. Na cobrança de débitos, o consumidor inadimplente não será exposto a ridículo, nem será submetido a qualquer tipo de constrangimento ou ameaça. Parágrafo único. O consumidor cobrado em quantia indevida tem direito à repetição do indébito, por valor igual ao dobro do que pagou em excesso, acrescido de correção monetária e juros legais, salvo hipótese de engano justificável.
4. Art. 83. Para a defesa dos direitos e interesses protegidos por este código são admissíveis todas as espécies de ações capazes de propiciar sua adequada e efetiva tutela.

Referida pessoa, então, solicitou à consumidora que, o mais brevemente possível, remetesse uma carta de *não reconhecimento do débito noticiado*, de próprio punho ao referido setor de averiguação de fraudes, e pediu-lhe que, após um *bip* no telefone, digitasse sua senha.

Recomendou-lhe, ainda que cortasse os últimos quatro números do cartão, e o entregasse, juntamente com a carta exigida, ao mensageiro do banco, que iria buscar a correspondência, o que de fato ocorreu, mediante o comparecimento ao edifício onde reside a requerente de um *moto boy,* o que foi atestado pelo porteiro do mesmo prédio.

Mais tarde, ainda no mesmo dia, e antes que o *moto boy* chegasse, a tal funcionária do setor de segurança telefonou novamente à consumidora-correntista, indagando-lhe se não gostaria de optar pelo serviço denominado *Anjo Guardião,* ou seja, por um sistema que garantiria que qualquer movimentação da conta da requerente seria notificada por sinal, mediante a inserção de um aplicativo em seu telefone celular, mas tudo mediante o pagamento de uma tarifa. A consumidora respondeu-lhe que não lhe interessava o serviço oferecido, embora conhecesse outro semelhante disponibilizado por um outro banco, mas de forma gratuita.

Embora acreditando piamente no que lhe dissera a tal funcionária, a consumidora procedeu à consulta de seu extrato via *internet,* com o intuito de verificar se o cartão comprometido (*clonado*) fora cancelado, conforme prometido, bem como se os R$ 1.385,00 que se refeririam a uma compra não por ela efetuada, haviam sido estornados.

Qual não foi sua surpresa, entretanto, ao constatar que, *no âmbito de cartão/débito*: a) no mesmo dia 7 de janeiro do ano da fraude, haviam sacado a quantia de R$ 1.000,00 (mil reais) de sua conta, bem como efetuado uma compra no valor de R$ 2.500,00 (dois mil e quinhentos reais); b) no dia seguinte, 8 de janeiro, houve outro saque de R$ 1.000,00 e uma compra no valor de R$ 2.480,00; c) nos dias 9, 10, 11 e 12 de janeiro, mais 4 (quatro) saques totalizando R$ 4.000,00 (quatro mil reais), além de compras de R$ 90,00 (noventa reais), R$ 4,00 (quatro reais), e compras de R$ 1.270,00 (mil duzentos e setenta reais) e R$ 2.500,00 (dois mil e quinhentos reais), num *prejuízo total da ordem de R$ 14.844,00.*

4. FRAUDE FLAGRANTE: MEIOS ELETRÔNICOS DE INFORMAÇÃO DISPONÍVEIS AOS AGENTES

A comissão dessa fraude somente foi possível em razão de *informações colhidas pelo público interno do banco requerido.*

E, realmente, conforme demonstrava extrato tirado pela requerente-consumidora via *internet, no dia 8 de janeiro,* conforme já havia programado junto à sua agência, ela recebeu na conta que ali mantinha, um resgate de um seu antigo fundo de previdência privada sustentado ao longo de vários anos junto a uma sua ex-empregadora, no montante de *R$ 19.565,45.*

Ora, quem, além do pessoal da agência bancária ou setor de operações do banco saberia que esse numerário entraria em sua conta e já tinha destino definido (*i.e.,* aplicações e pagamento de contas normalmente)?

E exatamente por isso mesmo, munido das informações que só internamente poderia obter e com facilidade para que as compras não fossem acusadas como suspeitas, o fraudador garantiu o pagamento dos R$ 14.884,00, em prejuízo evidente à requerente-consumidora

Ainda que assim não fosse, ou seja, a existência de uma fonte de informação interna – na própria agência ou no sistema operacional *on-line* do banco ora requerido –, o que demonstra gravíssima culpa *in elegendo* e *in vigilando* do mesmo estabelecimento bancário –, *sua responsabilidade exsurge clarissimamente do ponto de vista objetivo, ou seja, independentemente de culpa ou dolo, como se verá em passos adiante.* Senão, vejamos.

5. SANHA INCONTIDA: USO DO CARTÃO TAMBÉM COMO CRÉDITO PARA COMPRAS

Não satisfeitos com a rapinagem feita quanto aos parcos recursos da requerente-consumidora, o agente e seu cúmplice interno no banco, ainda ativaram o mencionado cartão da requerente para a aquisição de produtos a prazo (modalidade *cartão de crédito*), *causando-lhe um prejuízo potencial – já que ainda não pagos os desfalques devidos na data do vencimento regular do cartão –, da ordem de R$ 9.088,65.*

Tais valores se referiam às compras inclusas na fatura viciada e na somatória dos valores parcelados, a se vencer no mês subsequente, conforme didaticamente demonstrado no referido documento.

Além disso, a ora requerida está e exigir da requerente-consumidora o pagamento de *uma tarifa não identificada no valor de R$ 49,00*, apenas apontada como referente a algo indecifrável: "*tar multicta mens*", manifestamente abusiva.

Os fatos foram devidamente *comunicados às autoridades policiais do 78º Distrito Policial da Capital,* que entenderam por bem rotulá-los como *manifesto estelionato.*

Incumbia, portanto, à autoridade policial competente investigar a manifesta fraude. E, sobretudo, ao banco colaborar com as investigações, eis que a mesma fraude ocorrera no âmbito de seu sistema de segurança, obviamente falho, e que demandaria uma revisão rigorosa.

Decorridos, porém, nada menos que quatro anos desde essa *notitia criminis*, constatou-se que nenhum inquérito foi instaurado, tendo os dois boletins de ocorrência lavrados na ocasião dos fatos sido arquivados, sob a alegação de que se cuidara apenas de *documento visando à preservação de diretos* da vítima. Como se não haveria necessidade de investigar o fato rotulado claramente num desses boletins de ocorrência, como evidente *estelionato*[5].

E o que é ainda pior: nenhuma providência foi adotada pelo banco em questão, sobretudo, se não o maior interessado, o grande interessado em descobrir quais seriam as falhas ocorridas no seu setor de segurança. Ou seja: o mínimo que se poderá esperar dele

---

5. B.O. 323/2015, de 12-1-2015 e B.O. 764/2015, de 26-1-2015, ambos lavrados pelo 78º Distrito Policial da Capital de S. Paulo.

seria apresentar-lhe ele, e não a vítima, ao distrito policial competente, e noticiar o ocorrido. Até para que outros clientes não fossem atingidos pela evidente fraude/estelionato.

6. PERFIL DA REQUERENTE-CONSUMIDORA E TENTATIVAS FRUSTRADAS DE RESOLUÇÃO AMIGÁVEL

De nada adiantaram os contatos pessoais e por via de *e-mails* feitos pela requerente-consumidora junto aos funcionários da agência bancária em questão, culminando por lhe comunicarem que:

"Em 27 de janeiro de 2015 16:51, (Fulano de Tal)

fulano-de-tal@banco.x.com.br escreveu:

Senhora Cliente, boa tarde.

O Sicrano é um gerente par, trabalhamos em conjunto.

Sendo eu o responsável pelo relacionamento junto ao Prêmio Máximo.

– Sua solicitação em definitivo foi respondida pelo nosso departamento e será mantida pela não devolução.

Nos esforçamos para concluir isso da melhor maneira possível, mas será permanecida essa resposta.

Abraços,

Fulano de Tal

Gerente Prêmio Máximo

(11) xxxx-xxxx (SMS)

fulano-de-tal@banco.x.com.br

Atendimento gerencial das 7h às 24h".

As instituições financeiras, como se sabe, têm dispositivos capazes de alertar os seus clientes quando alguma transação estranha é detectada, levando-se em consideração o seu chamado *perfil* ou *padrão de comportamento*.

E, para tanto, dispõem, por exemplo de *algoritmos de segurança que rodam para a aprovação, ou não, dessas transações*.

Assim, quando compras ou saques refogem ao padrão normal do mencionado *perfil* ou *comportamento*, o algoritmo como que "enxerga" e "trava" o cartão do cliente, ou seja, *não reconhece os gatos efetuados*.

Conforme se infere das faturas então apresentadas pela requerente-consumidora, no ano antecedente ao golpe, a requerente *jamais ultrapassou o limite de R$ 800,00 (oitocentos reais) no cartão de crédito, enquanto a última fatura ultrapassara os cinco mil reais*.

Nem isso, contudo, foi feito pelos funcionários da ora requerida, donde os prejuízos sofridos pela requerente, a ameaça de sofrer ainda outros, em potencial.

7. PREVENÇÃO E REPARAÇÃO DE DANOS NO CÍVEL

Conforme dispõem os incisos VI e VII do art. 6º e o 83 do Código de Defesa do Consumidor:

Art. 6º São direitos básicos do consumidor:

(...)

VI – a efetiva prevenção e reparação de danos patrimoniais e morais, individuais e coletivos e difusos;

VII – o acesso aos órgãos judiciários e administrativos com vistas à prevenção ou reparação de danos patrimoniais e morais, individuais, coletivos ou difusos, assegurada a proteção jurídica, administrativa e técnica aos necessitados;"

Art. 83. Para a defesa dos direitos e interesses protegidos por este Código são admissíveis todas as espécies de ações capazes de propiciar sua adequada e efetiva tutela.

Ora, ao ter a pendência de cobrança indevida contra si, além de já ter experimentado prejuízo material da ordem de R$ 14.884,00 por saques ilícitos e compras com o cartão na modalidade débito, a requerente-consumidora não apenas sofreu os constantes assédios do banco, por intermédio de seus funcionários (via telefone, desde as primeiras horas da manhã e correspondências), o que configura dano moral, como também viu comprometido o seu crédito em face do encaminhamento de informes do mesmo banco a cadastros de inadimplentes – o que a requerente certamente não era.

8. DEFEITO NA PRESTAÇÃO DE SERVIÇOS

Conforme estatuído pelo artigo 14 do *Código de Defesa do Consumidor,* cuida-se na espécie de *autêntico defeito na prestação de serviços.*

Ou seja: ao não estabelecer mecanismos de prevenção e coibição eficientes a requerente permite que terceiros entrem em seus registros, ou então, mediante *clonagem* dos seus cartões de crédito, vindo, então, a causar toda sorte de prejuízos aos seus associados-consumidores de crédito, como foi o caso do ora requerente-consumidora.

Pior: ao tomarem conhecimento das fraudes mediante os meios técnicos disponíveis, os funcionários do banco não adotaram qualquer providência no sentido de fazerem cessar os desfalques ilícitos, até que a requerente-consumidora teve de ir, pessoalmente, à agência em questão, quando somente então o cartão foi efetivamente cancelado.

Com efeito:

Art. 14 – O fornecedor de serviços responde, independentemente da existência de culpa, pela reparação dos danos causados aos consumidores por defeitos relativos à prestação de serviços, bem como por informações insuficientes ou inadequação sobre sua fruição e riscos.

§ 1º O serviço é defeituoso quando não fornece a segurança que o consumidor dele pode esperar, levando-se em consideração as circunstâncias relevantes, entre as quais:

I – o modo de seu fornecimento;

II – o resultado e os riscos que razoavelmente dele se espera;

III – a época em que foi fornecido.

Resta flagrante, por conseguinte, a responsabilidade objetiva do banco, por demonstrar absoluta incompetência e negligência no mercado, visto que incapaz de garantir aos seus consumidores a segurança que dela esperam, sobretudo, quanto à utilização de cartões de crédito/débito por terceiros, em autêntica fraude.

Ainda que assim não fosse, a responsabilidade da instituição financeira no caso por atos ou omissões de seus prepostos exsurge claríssima, à luz do que dispõe o art. 932, inc. III[6] do Código Civil.

9. A JURISPRUDÊNCIA

Assim, consoante lapidar entendimento expresso na Súmula 479 do Egrégio Superior Tribunal de Justiça:

> Súmula 479-STJ. As instituições financeiras respondem objetivamente pelos danos gerados por fortuito interno relativo a fraudes e delitos praticados por terceiros no âmbito de operações bancárias.

Vejam-se, ainda, outros acórdãos do Superior Tribunal de Justiça que embasaram a referida súmula, de molde a, de forma inconteste, determinar a responsabilidade patente das instituições bancárias por fatos que tais, sobretudo, diante de sua responsabilidade objetiva diante de fraudes que vitimam os correntistas, como consequência da atividade de alto risco econômico-financeira que exercem.

> AgRg 1345744-SP, j. 10.05.2011. Agravo regimental em agravo de instrumento contra a inadmissão de recurso especial. Decisão agravada que conheceu do agravo e deu provimento ao recurso especial para julgar procedente o pedido de indenização por danos morais. Presença dos requisitos de admissibilidade do apelo nobre. Saque indevido em conta corrente. Responsabilidade objetiva da instituição financeira. Danos morais reconhecidos. Dever de indenizar que se impõe. Precedentes. 1. Além da presença dos requisitos de admissibilidade necessários ao conhecimento do recurso especial, verifica-se que a ora agravada logrou demonstrar a violação aos artigos apontados como vulnerados, bem como o sugerido dissenso pretoriano entre o acórdão então recorrido e os arestos paradigmas trazidos no apelo nobre, que assentaram a existência de danos morais, bem como a responsabilidade objetiva da instituição financeira quanto aos danos decorrentes de saques indevidos em conta corrente. Daí o provimento do apelo nobre para julgar procedente o pedido de indenização por danos morais pelos saques indevidos ocorridos na conta corrente da autora, ora agravada. 2. Decisão impugnada mantida, à míngua de qualquer demonstração de seu desacerto. 3. Agravo regimental a que se nega provimento.

> AgRg no Ag 1430753-RS, j. 07.05.2012. Agravo regimental no agravo de instrumento. Civil e processo civil. Exame do mérito recursal pela presidência do tribunal de origem. Possibilidade. Responsabilidade civil. Fato de terceiro. Súmula 7/STJ. Valores indevidamente sacados de conta corrente, via internet, de forma fraudulenta por terceiro. Defeito na prestação de serviço. Falha na segurança legitimamente esperada pelo consumidor. Pretensão recursal que esbarra no óbice da súmula 83/STJ. Acórdão recorrido em consonância com o entendimento desta corte superior. Agravo regimental desprovido.

> AgRg no AREsp 80075-rj, j. 15.05.2012. Processual civil. Agravo regimental no agravo em recurso especial. Fraude bancária. Responsabilidade civil objetiva. Inscrição indevida em órgão de restrição de crédito. Dano moral. Redução da indenização. Inviabilidade. Razoabilidade na fixação do *quantum*. Recurso manifestamente improcedente. Imposição de multa. Art. 557, § 2º, do CPC. 1. A Segunda Seção desta Corte, por ocasião do julgamento de recurso submetido ao regime do art. 543 do CPC, assentou que "as instituições bancárias respondem objetivamente pelos danos causados por fraudes ou delitos praticados por terceiros – como, por exemplo, abertura de conta-corrente ou recebimento de empréstimos mediante fraude ou utilização de documentos falsos –, porquanto tal responsabilidade decorre do risco do empreendimento, caracterizando-se como fortuito interno" (REsp n. 1.199.782/PR, Relator

---

6. Art. 932. São também responsáveis pela reparação civil: (...) III – o empregador ou comitente, por seus empregados, serviçais e prepostos, no exercício do trabalho que que lhes competir, ou em razão dele.

Ministro Luis Felipe Salomão, Segunda Seção, julgado em 24.08.2011, DJe 12.09.2011). 2. O recurso especial não comporta o exame de questões que impliquem revolvimento do contexto fático-probatório dos autos, a teor do que dispõe a Súmula n. 7 do STJ. 3. Contudo, em hipóteses excepcionais, quando manifestamente evidenciado ser irrisório ou exorbitante o arbitramento da indenização, a jurisprudência desta Corte permite o afastamento do referido óbice, para possibilitar a revisão. 4. No caso concreto, o Tribunal local manteve em R$ 5.000,00 (cinco mil reais) a indenização fixada em razão da inscrição indevida do nome do autor em órgão de restrição de crédito, quantia que não destoa dos parâmetros adotados por esta Corte em casos análogos. 5. A interposição de recurso manifestamente inadmissível ou infundado autoriza a imposição de multa, com base no art. 557, § 2º, do CPC. 6. Agravo regimental desprovido, com a condenação da parte agravante ao pagamento de multa no percentual de 1% (um por cento) sobre o valor corrigido da causa, ficando condicionada a interposição de qualquer outro recurso ao depósito do respectivo valor (art. 557, § 2º, do CPC).

Resp. 1197929-PR, j. 24.08.2011. Recurso especial representativo de controvérsia. Julgamento pela sistemática do art. 543-C do CPC. Responsabilidade civil e delitos praticados por terceiros. Responsabilidade objetiva. Fortuito interno. Risco do empreendimento. Instituições bancárias. Danos causados por fraudes. 1. Para efeitos do art. 543-C do CPC: As instituições bancárias respondem objetivamente pelos danos causados por fraudes ou delitos praticados por terceiros – como, por exemplo, abertura de conta-corrente ou recebimento de empréstimos mediante fraude ou utilização de documentos falsos –, porquanto tal responsabilidade decorre do risco do empreendimento, caracterizando-se como fortuito interno. 2. Recurso especial provido.

Resp 1199782-PR, j. 24.08.2011. Recurso especial representativo de controvérsia. Julgamento pela sistemática do art. 543-C do CPC. Responsabilidade civil. Instituições bancárias. Danos causados por fraudes e delitos praticados por terceiros. Responsabilidade objetiva. Fortuito interno. Risco do empreendimento. 1. Para efeitos do art. 543-C do CPC: As instituições bancárias respondem objetivamente pelos danos causados por fraudes ou delitos praticados por terceiros – como, por exemplo, abertura de conta-corrente ou recebimento de empréstimos mediante fraude ou utilização de documentos falsos –, porquanto tal responsabilidade decorre do risco do empreendimento, caracterizando-se como fortuito interno. 2. Recurso especial provido.[7]

E veja-se impecável sentença em que o pedido formulado por outro requerente-consumidor em decorrência de fraude idêntica foi inteiramente acolhida ao contrário do relatado neste trabalho.

> (...) devendo o banco réu ser responsabilizado, independentemente da existência de culpa, pelos indevidos saques realizados, conforme determina o artigo 14 do CDC. Não houve culpa exclusiva de terceiro, pois o estranho que se passou por funcionário do banco utilizou-se de 'brecha´ no sistema de segurança do réu, o que permite verificar a fragilidade constante aos quais os dados de seus correntistas estão imersos. Em se tratando de relação de consumo, deve o banco ressarcir o cliente e buscar reparo do terceiro, suposto causador direto do dano. Já decidiu a jurisprudência de nossos Tribunais, que a eventual força maior ocorrida deve ser suportada pelo banco, pois nem ela (a força maior), nem o caso fortuito, excluem o dever de indenizar nas relações de consumo (conforme 1o TACivSP, rel. Matheus Fontes, RT 806/201). Cabível o acolhimento do pedido de ressarcimento pelos danos morais sofridos. O réu não solucionou o problema administrativamente, acarretando a diminuição de seu patrimônio, bem como desgaste, seja ele advindo do abalo emocional da constatação do golpe, seja ele da busca de solução do problema. o que macula a integridade moral e psíquica do autor. Assim, avaliadas as circunstâncias do caso em apreço, o grau de culpa do réu, as consequências advindas do evento e capacidade financeira das partes, entendo ser justa a fixação sugerida pelo autor de R$ 5.000,00. Por conseguinte, declaro ser procedente a demanda em sua totalidade. Quanto às despesas processuais,

---

7. No mesmo sentido decidiu o acórdão proferido pela 16ª Câmara de Direito Privado do TJSP, na Ap. Cível 1093.898-22.2015.8.26-0100.

tem-se que o reconhecimento do pedido recai na hipótese do art. 26 do CPC. De qualquer maneira, não seria justo que o autor custeasse despesas não originadas por sua culpa, ainda mais quando o requerido reconhece tal situação. Diante do exposto, julgo TOTALMENTE PROCEDENTE o pedido do autor e DECLARO inexigíveis os valores objeto dessa ação, CONDENO a requerida ao pagamento da quantia de R$ 5.700,00, a títulos de danos materiais, corrigida desde os desembolsos fraudulentos, bem como R$ 5.000,00, à título de danos morais, acrescido de juros de mora de 1% ao mês, contados da citação válida e de correção monetária (Tabela Prática do TJSP), a partir desta decisão (Súmula 362 do STJ). Deste modo ponho fim ao processo, com resolução de mérito, nos termos do art. 269, I, do CPC (...).[8]

10. INVERSÃO DO ÔNUS DA PROVA E RESULTADO DA DEMANDA

Não bastasse já o cômputo da demonstração do desleixo e negligência da parte do banco em face da segurança que deveria garantir aos seus correntistas, protestara-se pela inversão do ônus da prova, conforme direito básico garantido à ora consumidora-requerente, nos termos preconizado pelo art. 6º, inc. VIII do Código de Defesa do Consumidor.

A demanda foi julgada inteiramente procedente em sede de Juizado Especial Cível, ou seja, no sentido de que se declarasse a inexigibilidade da cobrança da quantia de R$ 9.088,65, à guisa de compras efetuadas mediante cartão de crédito pelo fraudador mais a tarifa não identificada de R$ 49,00 (o débito reconhecido pela requerente a esse título é de apenas R$ 340,11 no período abrangido pelas fraudes, aliás); e que se abstivesse o banco de remeter o nome da requerente-consumidora aos bancos de dados, Serasa e SCPC, tudo sob pena do pagamento de multa (*astreinte*) a ser arbitrada pelo Juízo do feito, não em favor da requerente, mas do Fundo Estadual de Reparação dos Danos Difusos e Coletivos, disciplinados pela Lei Estadual 6.536, de 13-11-1989.

A ação, enfim, foi julgada inteiramente procedente no mérito, para condenar a instituição de crédito ao pagamento de indenização no valor de R$ 14.884,00, consistente na devolução simples do que lhe foi cobrado e pago mediante baixa em seus recursos mantidos junto à mesma instituição, ou seja, por saques em dinheiro e compras à vista por fraudador, no mesmo cartão, na modalidade *débito*.

Em sede de recurso ao competente Colégio Recursal, porém, foi dado inteiro provimento ao recurso do banco, pura e simplesmente porque a requerente-consumidora forneceu – embora totalmente enganada em razão dos dados de posse dos fraudadores por incúria do mesmo banco no zelo pela segurança dos dados pessoais de seus clientes – a senha de sua conta.

Mas os demais dados *já eram de pleno conhecimento deles*, fraudadores.

11. CONCLUSÕES

Quando se fala em *tutela penal do consumidor*, estamos diante de uma enorme gama de ações e atividades, dentro e fora do Código de Defesa do Consumidor – o qual, aliás, contém apenas um reduzido número deles –, notadamente no tradicional Código Penal Brasileiro ainda da década de 40 do século passado e legislação penal especial.

---

8. Proc. 1041.656-23.2014.8.26.0100, 25ª Vara Cível do Foro Central da Comarca de S. Paulo.

No presente trabalho focamos apenas um desses inúmeros delitos, qual seja o de *estelionato*, muito comum, e mais conhecido como *crime do conto do vigário*.

E embora hoje esteja em destaque a informática com seus inúmeros recursos tecnológicos, a *internet* é apenas um dos meios dos quais se valem os fraudadores para induzirem e manterem em erro suas vítimas, como no *case* ora relatado e bastante comum entre nós.

Embora a decisão no caso específico trazido à colação destoe da jurisprudência majoritária, como visto, é mister que nossos tribunais olhem com mais cuidado essas fraudes, no sentido de coibi-las, não acolhendo a desculpa das instituições financeiras e outros agentes econômicos de *culpa das vítimas*.

Lembre-se, nesse aspecto, que em se tratando de *responsabilidade objetiva* ou *sem culpa*, o agente econômico somente se isenta de dessa responsabilidade de demonstrar, *sem sombra de dúvidas, que o defeito na prestação de seus serviços inexiste*, ou *a culpa exclusiva da vítima*, a teor do que dispõe o § 3º do art. 14 do Código de Defesa do Consumidor.

Por outro lado, é igualmente de se esperar que os Juízos Penais se deem conta de que esse tipo de fraude é evidentemente crime contra o patrimônio e merece ser severamente punido. A começar pela investigação efetiva da autoridade policial, com a colaboração das instituições com sistema de segurança falhos.

Ou, antes até: as instituições financeiras no âmbito das quais ocorrem fatos como o aqui noticiado, deveriam ser as primeiras a colaborarem para que as investigações sejam feitas, no afã de até descobrir as falhas ocorridos em seu sistema de segurança de dados cibernéticos. Não é o que se verifica, contudo, e lamentavelmente.